Randi Reisfeld

# PRINZ WILLIAM

## DER ZUKÜNFTIGE KÖNIG ENGLANDS

Eine unautorisierte Biographie

Ins Deutsche übertragen von Cécile G. Lecaux



BASTEI LÜBBE

BASTEI LÜBBE TASCHENBUCH
Band 12 736

Erste Auflage: Dezember 1997


Deutsche Lizenzausgabe 1997 by
Bastei-Verlag Gustav H. Lübbe GmbH & Co.,
Bergisch Gladbach
Originaltitel: Prince William
Titelbild: Julian Parker/UK Press, London
Bildtafeln: Action Press; Alpha, London; Sipa-Press, Paris;
UK Press, London; Gamma; Syama; Max PPD;
Nunn Syndication; Sipa-Press, Paris; Action Press; Action Press;
Alpha, London; All Action/Retna; Photographers Int'l/
Shooting Star; Justin Goff, Camerapress, Retna;
Photographers Int'l/Shooting Star; All Action/Retna;
Comtesy 16 Magazine; All Action/Retna; All Action/Retna;
All Action/Retna; Richard Gillard, Camerapress/Retna.
Umschlaggestaltung: QuadroGrafik, Bensberg
Satz: Fotosatz Steckstor, Rösrath
Druck und Verarbeitung:
Brodard & Taupin, La Flèche, Frankreich
Printed in France
ISBN 3-404-12736-6

Der Preis dieses Bandes versteht sich einschließlich der gesetzlichen Mehrwertsteuer

## Die neue Generation der Royals

Mit fünfzehn Jahren ist Prinz William größer wie seine Mutter mit ihren 175 cm ... er ist bekannt dafür, daß er gern seinen Leibwächtern entwischt ... er ist ein talentierter Künstler wie sein Vater ... er hat Cindy Crawford kennengelernt (und in seinem Spind in Eton hängt ein Poster von *Baywatch*-Schönheit Pamela Lee) ... und er ist ein Fan der Band Pulp (er besitzt sogar ein signiertes Poster, das er sich auf die altmodische Art beschafft hat, indem er einen Fanbrief an die Gruppe geschrieben hat).

Lernen Sie Prinz William kennen, den begehrtesten neuen Schwarm der britischen Teenager-Szene. Erfahren Sie alles über sein Leben in Eton, seine Beziehung zu seiner tragisch verunglückten Mutter, Prinzessin Diana (der vielleicht berühmtesten Frau der Welt), seinem Vater Charles (der Mann, der eines Tages König sein wird), seinem Bruder Harry und seinen Kusinen Beatrice und Eugenie (die Töchter von Prinz Andrew und Fergie), über seine Ferien, sein gesellschaftliches Leben, seine Schwärme, seine bisherigen Freundinnen – erfahren Sie, wie es *wirklich* ist, die Freundin des Märchenprinzen zu sein. *Alles*, was Sie je über den kleinen Prinzen wissen wollten ...

## Danksagungen

Ich danke Lisa Clancy von Archway Paperbacks, die die Idee zu diesem Buch hatte, und Stacey Woolf für ihre wertvollen Beiträge.

Außerdem möchte ich Janet Macoska, John und Winnie Awarski, Leo Schenker, Sharon und Ilan für die tolle Arbeit auf dem Gebiet Recherchen, Infos und Aktualisierungen meinen Dank aussprechen! Und für die Unterstützung und Snacks lieben Dank an Marvin, Scott, Stefanie und Peabo.

# Inhalt

# Einleitung

William Windsor ist fünfzehn, groß, gutaussehend, sportlich und reich. Er ist der begehrteste neue Schwarm der britischen Teenagerszene und beherrscht auch in zunehmendem Maße die Phantasien amerikanischer und kanadischer Mädchen. Zeitungsartikel, Poster, Plakate und Stickers von ›Wills‹, wie er zärtlich genannt wird, haben die Kioske überschwemmt und wurden von begeisterten Fans auf der ganzen Welt gekauft. Wenn Wills auftaucht, gilt dies bei Fotografen wie bei Journalisten oder Fans als großes Ereignis.

Wills ist weder Rockstar noch Filmstar, keine Sitcom-Ikone, nicht einmal ein ruhmreicher Athlet. Genau genommen hat der blonde Teenager nichts zu seiner gewaltigen Popularität beigetragen – außer geboren zu werden.

Aber größerer Anstrengung bedurfte es ja auch nicht. Denn Wills, offiziell Prinz William, wurde im Rampenlicht geboren und wird immer im Rampenlicht stehen – auch wenn es manchmal den Anschein hat, als würde er sich mit Händen und Füßen dagegen sträuben. William Arthur Philip Louis Windsor ist der Enkel der britischen Königin Elisabeth II. Er ist der erstgeborene Sohn von Prinz Charles und Prinzessin Diana, dem wohl berühmtesten und ganz sicher am meisten fotografierten Paar der Welt. Ihre Romanze, ihre Ehe sowie die folgenden Skandale und Streitigkeiten, die in der Scheidung gipfelten, haben fast zwei Jahrzehnte weltweit für Schlagzeilen gesorgt.

Aber Wills Status ist nur teilweise auf die Familienfehden des Königshauses zurückzuführen; er besitzt auch eigene Ansprüche. Prinz William ist britischer Thronfolger: Eines Tages wird er als König William V. über Großbritannien herrschen.

Darüber, wann es soweit sein wird, kann man bislang nur spekulieren, aber für Wills kann es nicht spät genug sein. Immerhin hat er schon des öfteren verlautbaren lassen, daß es ihm nur recht wäre, wenn er nie gekrönt würde.

Im Augenblick ist Wills noch vollauf damit beschäftigt, ein ganz normaler Teenager zu sein, Freundschaften zu schließen, für seine Prüfungen zu büffeln, Rockmusik zu hören, tanzen zu gehen, auszugehen. Andererseits mußte er in seinem jungen Leben bereits die Scheidung seiner Eltern verkraften und – was ungleich schwerer wog – den tragischen Tod seiner geliebten Mutter.

Stellen Sie sich vor, alles in Ihrem Leben – jedes Wort, jeder Schritt, jeder Erfolg, jeder Patzer, jede Peinlichkeit und jede Niederlage – würde von der Presse aufgegriffen und weltweit für Klatsch sorgen. Wills braucht sich dieses Szenario nicht erst vorzustellen: das *ist* sein Leben. Und schlimmer noch: er weiß, daß es immer so sein wird.

Und es kommt noch etwas hinzu: nicht nur die Blicke der ganzen Welt sind auf ihn gerichtet – der junge Wills ist Hoffnungsträger einer ganzen Nation. Denn Englands Monarchie, eine jahrhundertealte und tiefverehrte Tradition, ist möglicherweise ernsthaft bedroht. Manch einer behauptet, Wills wäre der einzige, der sie noch retten könne!

Wills mußte sich bereits einer unwiderlegbaren Tatsache stellen: Thronfolger zu sein kann ganz schön nerven. Wie wird Wills damit fertig? Nun, soviel steht fest; Wills besitzt die besten Voraussetzungen – etwas Reines und sehr Machtvolles: Angeborene Intelligenz, echte Wärme, eine große Reserve innerer Stärke und aufrichtige Liebe zu seinem Vaterland. Die Menschen lieben Wills, und diese Liebe kann ihn weit bringen.

Aber was für ein Teen ist Wills? Wie ist er *wirklich*? Wieviel hat er mit gewöhnlichen Teenagern gemein? Wie stehen die Chancen bürgerlicher Mädchen auf ein Rendezvous mit ihm? Warum wird er von Teenagern auf der ganzen Welt, von denen einige eines Tages seine Untertanen sein werden, so verehrt und geliebt? Erfahren Sie alles über die erstaunliche Lebensgeschichte von Prinz William!

# Kapitel 1

## Ein Prinz wird geboren

Es ist ein kalter, windiger und sonniger Herbstnachmittag in Eton, einer kleinen Stadt an der Themse. Drei gutaussehende Jungen im Teenageralter, Schüler der berühmten Schule, die den Großteil des Ortes ausmacht, schlendern eine schmale, kopfsteingepflasterte Straße hinunter. Zwei von ihnen haben kurzgeschnittenes dunkles Haar; der dritte im Bunde, der zwischen ihnen geht, trägt eine Baseballmütze. Unter dem Mützenrand schauen einzelne blonde Strähnen hervor. Abgesehen von der Mütze sind alle drei gleich gekleidet, das heißt, nicht viel anders als Teenager überall in der westlichen Welt. Sie tragen khakifarbene Hosen, langärmige Button-down-Hemden, die von Benetton oder The Gap sein könnten, Sportschuhe mit sofort erkennbarem Markenlogo und Wolljacken, die sie, obgleich offen, vor der Nachmittagskälte schützen.

Das, worüber sie reden, ist ebenso alltäglich wie ihre Erscheinung. Sie unterhalten sich über das neue Album der Rockband Pulp, die Prüfungsfragen in Geschichte heute morgen, die Chancen der Fußballmannschaft ihrer Schule und über ein Mädchen, mit dem einer von ihnen sich gern verabreden würde. Alle drei haben einen Bärenhunger, und so sind sie unterwegs zu einem Fastfood-Restaurant oder einem Imbiß.

Welches Szenario könnte normaler sein an einem klaren, sonnigen Nachmittag wie diesem? Oder besser: Was könnte weniger normal sein?

Der offensichtliche Hinweis darauf, daß etwas an dieser Szene nicht ganz so alltäglich ist wie es den Anschein hat, sind die beiden überaus wachsamen Erwachsenen, die den Jungen in einem Abstand von einigen Schritten folgen. Die beiden Männer unterhalten sich nicht und haben auch keinen Blick für den schönen Herbstnachmittag. Sie sind im Dienst, und sie nehmen ihren Job sehr ernst. Obwohl sie unauffällig gekleidet sind, handelt es sich um erfahrene Mitarbeiter von Scotland Yard, Londons Elite-Polizeieinheit. Keiner von beiden läßt die Jungen auch nur eine Sekunde aus den Augen. Als die Jungen um eine Ecke biegen, schließen die Männer sich an. Aber die Jungen werden nicht etwa einer Straftat verdächtigt. Die Polizisten beabsichtigen nicht, sie zu verhaften und in Handschellen abzuführen. Vielmehr sind die Beamten mehr oder minder Angestellte eines der Teenager – desjenigen in der Mitte, mit den blonden Haaren und der Baseballmütze.

Denn allem Anschein zum Trotz ist er kein gewöhnlicher Junge, so sehr er sich dies auch zuweilen wünschen mag. Er ist sehr berühmt, so berühmt, daß er rund um die Uhr beschützt werden muß; so berühmt, daß er nicht einmal bei einem so unspektakulären Vergnügen wie einem nachmittäglichen Spaziergang mit Freunden auf Leibwächter verzichten kann. Und sein Ruhm ist nicht von der vergänglichen Art.

Das Sprichwort ›jeder erlangt in seinem Leben fünfzehn Minuten lang Ruhm‹ trifft auf ihn einfach nicht zu. Sein Ruhm wird sein ganzes Leben währen und sogar darüber hinaus. Und er hat lange vor seiner Geburt begonnen.

Seine Freunde nennen ihn William. Im Schülerverzeichnis der Schule ist er als William Windsor eingetragen. Für den Rest der Welt ist er jedoch Prinz William von England. Und eines Tages wird man ihn nur noch unter dem Namen kennen: König William V.

Aber bis in absehbare Zukunft wird er Prinz William bleiben.

Er ist fünfzehn Jahre alt, und wie viele Jungen seines Alters mag er Rockmusik, Kinofilme und Sport und ist gern mit seinen Freunden und mit Mädchen zusammen. Anders als bei den meisten Jungen seines Alters weiß er aber nicht nur, was sein Beruf sein wird, sondern wird bereits seit seiner Geburt auf diese Aufgabe vorbereitet.

*Beruf* ist vielleicht zu milde ausgedrückt, denn Prinz William hat eine Verabredung mit dem Schicksal, und dieses ist ein schweres Los.

Dies ist seine Geschichte.

Der Tag, an dem Prinz William geboren wurde, der 21. Juni 1982, war ein nationaler Feiertag in ganz Großbritannien. Es war ein Montag, der erste Sommertag jenes Jahres, und überall auf den britischen Inseln wurde gefeiert. Von den belebten Boulevards der Großstädte wie London und Liverpool bis in die kleinsten Dörfer in den Cotswolds, von Küste zu Küste wie im Landesinneren – überall feierten die Menschen ausgelassen, mit rückhaltloser Billigung ihrer Vorgesetzten und der Behörden im ganzen Land.

Was gab es denn so Besonderes? Ein Kind war geboren worden, so wie tagtäglich Millionen von Kindern auf die Welt kommen. Aber nur sehr wenige sorgen für so flächendekkende Freude. Dieses Kind schon – nicht weil es irgendein Wunderkind gewesen wäre oder außergewöhnliche Umstände seine Geburt begleitet hätten, sondern schlicht, weil schon allein durch seine Geburt sein Platz in der Weltgeschichte besiegelt wurde. Mit anderen Worten, seine Geburt und sein späteres Leben würden in allen Schulbüchern vermerkt werden, die von britischer Geschichte handeln.

William wurde in eine ganze spezielle Art von Monarchie hineingeboren – eine Monarchie, in der der Erstgeborene automatisch Thronfolger wird. Er braucht weder brillant noch sonderlich verdienstvoll zu sein, nicht besonders weise und noch nicht einmal nett. Weil er ein Junge ist, ist sein Geburtsrecht festgelegt. Obgleich sich dies eines Tages ändern könnte, war es innerhalb der britischen Monarchie schon immer Tradition, daß der erstgeborene Sohn des herrschenden Königs oder der herrschenden Königin automatisch zum Thronfolger bestimmt war, ungeachtet jedweder vor ihm geborener Schwestern. Nur wenn es keinen männlichen Thronanwärter gibt, können die Frauen der Familie den Thron besteigen. So ist es in den fünfundvierzig Jahren seit der Thronbesteigung von Königin Elizabeth II. gewesen. Der Titel des künftigen Königs von England ist immer derselbe: er ist der Prinz of Wales.

Königin Elizabeth ist die derzeitige Monarchin. Sie wird allseits geachtet und respektiert und gilt als die reichste Frau der Welt. Außerdem ist sie Williams Großmutter. Sein Vater, Prinz Charles, ist Elizabeths erstgeborener

Sohn. Das bedeutet der Tradition folgend, daß Charles ihr Nachfolger wird – und William der seine. Aber nicht nur Williams Abstammung und Schicksal sorgten am Tag seiner Geburt für solches Anteilnahme. Der Freudentaumel war symbolisch für die Einstellung des englischen Volkes zu Williams Eltern.

Damals waren Seine Königliche Hoheit Prinz Charles und Ihre Königliche Hoheit Prinzessin Diana viel mehr als nur die britischen Thronfolger. Sie waren so etwas wie ein königliches Super-Paar, auf der ganzen Welt beliebt und gefeiert. Ihre Romanze, ihre Hochzeit und ihre Ehe hatten etwas Märchenhaftes, und Williams Geburt galt als die Krönung dieses Märchens.

Wenn man Williams Leben verstehen und ihn wirklich kennenlernen möchte, wenn man begreifen will, warum er die Phantasie, die Herzen und die Hoffnungen seines Vaterlandes beflügelt, ist es hilfreich, vorab ein wenig über seine Eltern zu erfahren.

Williams Vater, dessen voller Name Charles Philip Arthur George Mountbatten lautet, wurde am 14. November 1948 als Sohn von Prinzessin Elizabeth und ihrem Gatten Prinz Philip Mountbatten, Duke of Edinburgh, geboren. Als Charles drei Jahre alt war, starb sein Großvater, König George VI. Da George Elizabeths Vater war und sie keine Brüder hatte, wurde sie Königin von England.

Wie William war auch Charles von Geburt an zum Thronfolger bestimmt, aber seine Erziehung unterschied sich grundlegend von jener, die er später seinem Sohn angedeihen lassen wollte. Charles kam nicht in einem Krankenhaus zur Welt, sondern zu Hause, in der offiziellen Londoner Residenz der Queen, dem Buckingham Palace. So war es damals Tradition. Tatsächlich war Prinz Charles an zahlreiche Traditionen gebunden. Ganz gleich, wie seine Persönlichkeit geartet war, was seine Stärken und Schwächen waren, von ihm wurde erwartet, daß er sportlich, extrovertiert und musikalisch war. Veröffentlichten Berichten zufolge war Charles jedoch nichts von alledem. Vielmehr war er von Natur aus schüchtern, übernervös und alles andere als ein geborener Athlet. Aber mit der Zeit und nach entsprechender Einweisung lernte er, alle obengenannten Anforderungen zu erfüllen. Als junger Mann spielte er Klavier, fühlte sich in Menschenmengen einigermaßen wohl und war ein fähiger Sportler. Skilaufen, Jagd, Polo und Segeln sind heute nur einige seiner Leidenschaften.

Wie schon andere Thronfolger vor ihm wurde Charles – der eine jüngere Schwester, Prinzessin Anne, und zwei viel jüngere Brüder hat, die Prinzen Andrew und Edward fast ausschließlich von strengen Kinderfrauen erzogen und in den ersten Jahren von Privatlehrern unterrichtet. Später wurde er dann auf verschiedene, exklusive Internate geschickt. Seine ersten Kontakte mit der Außenwelt waren einschüchternd. Der junge Charles war noch keine drei Monate auf der Preparatory School von Cheam, als in der Presse über achtundsechzig Artikel über ihn erschienen. Lehrer und andere, die mit ihm Kontakt hatten, ließen sich von der Presse bestechen und gaben freizügig Einzelheiten aus seinem Leben preis. Charles konnte nie sicher sein, ob jemand seine Freundschaft suchte, einfach, weil er ihn mochte, oder weil der Betreffende aus ihm Kapital schlagen wollte. Auf der nächsten Schule, dem sehr strengen Gordonstoun in Schottland, war es nicht viel anders.

Schließlich gelang es Charles, mit seiner einzigartigen Situation fertig zu werden und das Beste aus seiner Stellung zu machen. Er besuchte die Universität und trat dann, wie bei den Royals traditionell üblich, der Navy bei. Er spielte seine Rolle als zukünftiger König mit Aplomb. Trotzdem vergaß er die Erfahrungen aus seiner frühen Kindheit nie. Charles hat öffentlich zugegeben, daß diese frühen Jahre ihn so sehr belastet haben, daß er entschlossen sei, seinen Kindern, sollte er je welche bekommen, diese Marter – so weit als möglich – zu ersparen.

Williams Mutter, Prinzessin Diana, hatte ebenfalls eine schwere Kindheit. Und wie

Charles wollte auch sie ihre Kinder völlig anders großziehen. Natürlich konnte Diana nicht ahnen, daß ihre Kinder eines Tages Anwärter auf den englischen Thron sein würden. Aber es war auch nicht gänzlich ausgeschlossen. Denn Diana Spencer war ebenfalls königlichen Geblüts.

Diana war die dritte Tochter von John Althorp, seines Zeichens achter Earl of Spencer. Er stammte von einer langen Reihe von Earls, Lords und Viscounts ab. Ihre Mutter war Frances Ruth Burke Roche und ebenfalls königlicher Abstammung. Diana wurde am 1. Juli 1961 geboren. Die Althorps waren adelig und wohlhabend und gut mit der Königsfamilie bekannt. Dianas Großmütter waren zu unterschiedlichen Zeiten beide *ladies-in-waiting* (Bezeichnung für eine Gesellschafterin oder persönliche Assistentin) von Queen Mum gewesen, die mit König George VI. verheiratet war und Königin Elizabeths Mutter ist. Dianas Großvater war ein enger Freund von König George VI. Die beiden Männer spielten zusammen Tennis.

Aufgrund ihrer Beziehungen zur Herrscherfamilie wurde den Althorps ein Haus mit zehn Schlafzimmern auf Sandringham, dem ländlichen Anwesen der Queen in Norfolk, überlassen. Das Haus wurde Park House genannt, und Diana, ihre älteren Schwestern Sarah und Jane sowie ihr jüngerer Bruder

Charles kamen alle dort auf die Welt. Sie alle wurden, wie bei vielen britischen Familien der Oberklasse üblich, von Kinderfrauen aufgezogen und besuchten private Internate. Diana besuchte darüber hinaus ein Jahr lang ein schweizer Internat, eine private Mädchenschule, an der kulturelle Fächer und gesellschaftliche Aktivitäten auf dem Lehrplan stehen.

Diana war zwar wohlhabend, aber sie hätte ihren Reichtum vermutlich gern gegen ein glückliches Familienleben eingetauscht. Als sie sechs Jahre alt war, trennten sich ihre Eltern, und ihre Mutter zog nach London. Diana, Sarah, Jane und Charles blieben bei ihrem Vater im Park House, aber sie und ihre Geschwister waren in den kommenden zwei Jahren Gegenstand eines häßlichen und in der Öffentlichkeit breitgetretenen Sorgerechtsstreits. Diana mußte schon früh erfahren, was es heißt, von Schulkameraden verspottet und Klatschobjekt zu sein. Die Erfahrung hinterließ einen bitteren Nachgeschmack.

Schließlich wurde der Familienstreit aber beigelegt, und das Tauziehen um das Sorgerecht hatte ein Ende. Das Sorgerecht wurde Dianas Vater zugesprochen, nicht zuletzt, weil er der Elternteil mit einem Adelstitel war. Jetzt begann eine Zeit, in der Diana zwischen ihren Eltern hin und her geschoben wurde. Sie lebte abwechselnd bei ihrer Mutter und ihrem neuen Stiefvater, Peter Shand Kydd, in London und bei ihrem Vater in Norfolk. Im großen und ganzen verstand Diana sich mit beiden Elternteilen recht gut.

Als Diana vierzehn war, starb ihr Großvater. Ihr Vater erbte den königlichen Titel Achter Earl of Spencer und zog mit seinen Kindern auf das Familienanwesen der Althorps in Northamptonshire. Damals wurde aus Diana offiziell Lady Diana Spencer. Als sie älter wurde, blühte sie auf, und man sagte ihr nach, daß sie ein Faible für Mode, Partys und Tanzveranstaltungen habe und leicht Freundschaften schließe.

Jemand, den man nicht unbedingt gleich als Freund von ihr bezeichnen konnte, war Prinz Charles.

Diana und ihr künftiger Ehemann begegneten sich das erstemal fast beiläufig bei einer Urlaubsfeier auf Sandringham. Damals war Diana acht, Charles einundzwanzig. Bei ihrer nächsten Begegnung war sie sechzehn und er neunundzwanzig. Charles ging mit ihrer Schwester Sarah aus und war deshalb öfter im Haus der Althorps zu Gast. Diana war mit Charles´ jüngeren Brüdern Andrew und Edward befreundet, denen sie altersmäßig näherstand. Und doch entging Charles nicht, daß Diana erwachsen geworden und zu einer sehr hübschen jungen Frau herangereift war.

In den nächsten Jahren wurde Charles von

seinen Eltern *und* seinen Landsleuten zunehmend unter Druck gesetzt, endlich zu heiraten. Immerhin war der Thronerbe inzwischen schon Mitte dreißig und hatte sich immer noch keine standesgemäße Frau ausgewählt. Natürlich konnte ein zukünftiger König nicht irgendeine Frau heiraten. Die Frau seiner Wahl mußte zahlreiche Bedingungen erfüllen – immerhin würde sie eines Tages Königin von England sein. Der Tradition folgend mußte sie entweder adlig oder königlichen Geblüts sein; sie durfte in der Vergangenheit in keinen Skandal verwickelt gewesen sein, durfte noch nicht verheiratet gewesen sein, durfte nicht römisch-katholisch sein und sollte vorzugsweise jemand sein, der dem Druck und der ständigen öffentlichen Aufmerksamkeit, die der ›Job‹ mit sich brachte, gewachsen war. Und nicht zuletzt mußte Charles´ Zukünftige den Ansprüchen seiner Mutter, der Königin, gerecht werden. Und die Liebe? Charles sagte selbst: »[die Ehe] ist die letzte Entscheidung, bei der ich wollen würde, daß mein Herz über meinen Verstand siegt.« Liebe wäre nur ein Bonus bei einer standesgemäßen Verbindung, aber nicht die Triebfeder. Das mag traurig erscheinen, war aber bis vor kurzem noch Realität für jeden britischen Monarchen. Gut möglich, daß auch Prinz William sich eines Tages dieser Realität stellen muß.

1979 lud Charles´ Bruder Andrew die

damals achtzehnjährige Diana ein, die Sommerferien mit seiner Familie auf dem Ferienanwesen in Balmoral, Schottland, zu verbringen. Allgemein heißt es, damals hätte Diana sich in Charles verliebt und er sich, allem Anschein nach, auch in sie. Immerhin erfüllte Diana alle Kriterien für eine königliche Verbindung. Sie war adelig – damals Lady Diana Spencer –, mit der Welt der Königsfamilie vertraut und war nie in einen Skandal verwickelt gewesen. Darüber hinaus war sie hübsch, arglos und nett. Die dreizehn Jahre Altersunterschied zwischen Charles und Diana wurden nicht als Problem angesehen. Als sie und Charles anfingen, miteinander auszugehen, arbeitete Diana, die nicht studierte, als Hilfskindergärtnerin. Sie liebte Kinder.

Es dauerte nicht lange, und ganz England, gefolgt vom Rest der Welt, verliebte sich in sie. Schon bald nach Charles´ Heiratsantrag bekam Diana einen Vorgeschmack auf die Vor- und Nachteile ihres Status als zukünftige Königin. Die Öffentlichkeit war ganz verrückt nach ihr – ebenso die Presse, die ihr an ihrem Arbeitsplatz, daheim und auch sonst überall auflauerte, um einen Schnappschuß von ihr zu ergattern. Diana war es zwar nicht gewohnt, im Rampenlicht zu stehen, aber sie lernte schnell. Sie lernte, mit den Neugierigen und den Paparazzi umzugehen. Und das war auch gut so, immerhin sollte sie eines Tages den zweifelhaften Ruhm genießen, die meistfotografierte Frau der Welt zu sein.

Der Hochzeitstag von Charles und Diana am 29. Juli 1981 wurde in England zum Nationalfeiertag erklärt. Das Ganze glich einem Märchen mit einem gutaussehenden, verliebten Bräutigam in militärischer Galauniform und – natürlich – einer entzückend errötenden Braut in einem traumhaften Hochzeitskleid mit meterlanger Schleppe. Die Zeremonie beinhaltete sogar jenen Teil der Geschichte, an dem die schöne Prinzessin in eine gläserne Kutsche steigt und durch die Straßen des Königreiches zu ihrem Ziel gefahren wird, der St. Paul's Cathedral. Dort wurde sie von ihrem Bräutigam erwartet. ›Die Hochzeit des Jahrhunderts‹, wie sie allseits genannt wurde, wurde von Hunderttausenden in den Straßen mitverfolgt und von erstaunlichen siebenhundertfünfzig Millionen Fernsehzuschauern weltweit. Nachdem das Paar, nun offiziell Seine Königliche Hoheit Der Prinz von Wales und Ihre Königliche Hoheit Die Prinzessin von Wales, sich das Jawort gegeben hatten, gab es in der Kirche kaum ein trockenes Auge. Sogar Prinz Charles war so ergriffen, daß er meinte: »Ich denke, ich werde den Rest des Tages weinen.«

Nach ihren Flitterwochen bezogen Charles und Diana zwei offizielle Residenzen, eine in London – den Kensington Palace – und eine auf dem Land, in Gloucestershire – Highgrove House. Außerdem verbrachten sie viel Zeit auf Balmoral, dem Familienanwesen in Schottland, wo Prinz Charles sich schon immer am liebsten aufgehalten hatte.

Das vermutlich einzige Ereignis, das noch größeren Jubel hervorrief als die Hochzeit selbst, war die einige Monate später verlautbarte Kunde, daß das glückliche Paar einen Thronfolger erwarte. Diese Neuigkeit zog eine Welle großer Geschäftigkeit nach sich, da ganz England in freudiger Erwartung der Geburt des ersten Kindes ihres Märchenpaares entgegenfieberte.

## Kapitel 2

## Das berühmteste Baby der Welt

Anders als sein Vater, wurde Prinz William nicht zu Hause geboren, sondern in einem Krankenhaus. Obgleich er nicht der erste Royal war, der in einer modernen medizinischen Einrichtung zur Welt kam, war so etwas erst 1970 zum erstenmal vorgekommen. Aber wenn erst eine neue Tradition begründet worden ist, folgt man ihr für gewöhnlich auch. 1974 wurde das St. Mary's Hospital im Londoner Stadtteil Paddington als Schauplatz künftiger königlicher Geburten ausgewählt, und dorthin brachte man am Morgen des 21. Juni 1982 um fünf Uhr früh auch Prinzessin Diana in Erwartung des großen Ereignisses. Im Krankenhaus wurde sie bereits von George Pinker, dem persönlichen Gynäkologen und Chirurgen der Queen erwartet, der das Baby auf die Welt holen sollte.

William wurde von Hunderttausenden von Menschen auf der Welt willkommen geheißen. Kaum war durchgesickert, daß die Geburt unmittelbar bevorstand, versammelten sich Menschenmassen vor dem Krankenhaus. Andere fanden sich vor den königlichen Residenzen ein – vor dem Buckingham Palace, wo die Queen residiert, und um die Anwesen Windsor, Highgrove, Sandringham und Balmoral. In ganz England, (Schottland, Nordirland und Wales) und im Commonwealth, wozu das Vereinigte Königreich, seine Hoheitsgebiete und viele ehemalige britische Kronkolonien gehören, die inzwischen unabhängige Staaten sind (beispielsweise Australien, Neuseeland und Kanada), herrschte erwartungsvolle Vorfreude.

Erst spät am Abend hatte das Warten ein Ende. Während die meisten Menschen Geburtsanzeigen an Verwandte und Freunde verschicken, ging Williams an die ganze Welt. Denn William war von Anfang an jedermanns Baby. Er gehörte nicht nur seiner Familie, sondern ganz Großbritannien, und so verfolgte ganze Großbritannien aufmerksam seien Entwicklung, jede seiner Taten, jede Bewegung.

Die Geburtsanzeige wurde auf einer vergoldeten Staffelei vor den Toren des Buckingham Palace ausgestellt. Sie lautete knapp: ›Die Prinzessin von Wales hat heute um 21 Uhr 03 einen Sohn zur Welt gebracht. Ihre Königliche Hoheit und das Kind sind wohlauf.‹

In der Geburtsanzeige wurde noch kein

Name erwähnt, da erst noch einer (oder mehrere) ausgewählt werden mußte. Obgleich das Geburtsgewicht des Babys nicht offiziell bekanntgegeben wurde, sickerte durch, daß der kleine Prinz bei seiner Geburt dreitausendfünfhundertfünfzig Gramm wog, blaue Augen und blondes Haar hatte und ›aus Leibeskräften schrie‹. Die Menschen gerieten außer Rand und Band, sangen, jubelten und applaudierten dem neuen Thronfolger des Landes. In einer Stadt in der Nähe von Charles´ und Dianas Landhaus wurden sämtliche Straßen mit Fähnchen geschmückt.

Um dreiundzwanzig Uhr am selben Abend trat Prinz Charles vor die wartende Menge vor dem Krankenhaus und erklärte, sein Sohn wäre ›bildschön und in prächtiger Form‹. Was er nicht erwähnte, weil er es vermutlich zu diesem Zeitpunkt selbst noch nicht wußte, war, daß das Neugeborene und Prinzessin Diana nicht lange in der Klinik bleiben würden. Schon vierundzwanzig Stunden nach seiner Geburt fuhr der Thronfolger mit seinen Eltern nach Hause. Dies gestattete der Nation einen ersten flüchtigen Blick auf ihren künftigen Herrscher. Dick eingemummt in eine kuschelige weiße Babydecke lag William in den Armen seiner glücklichen Mutter, während die Fotografen wie wild Bilder schossen. Natürlich nahm er im Alter von vierundzwanzig Stunden noch nichts von der ganzen Aufregung wahr, die um seine Person gemacht wurde, aber es wurde Williams Schicksal immerzu fotografiert zu werden, Gegenstand von Spekulationen zu sein und bestaunt zu werden. Und das begann gleich nach seiner Geburt! Am Tag nach seiner Geburt, am 22. Juni, wurde im ganzen Land gefeiert. Die King´s Troop, die Royal Horse Artillery, ritt in voller Galauniform von ihrer Kaserne in St. John´s Wood zum Hyde Park, um einen Salut von einundvierzig Schuß zu Ehren des kleinen Prinzen abzufeuern. Gleichzeitig feuerte die Honorable Artillery Company eine gleiche Anzahl von Schüssen vor dem Londoner Tower ab. Von zwölf bis dreizehn Uhr dreißig läuteten die Glocken der Westminster Abbey, sowie später auch jene der St. Paul´s Cathedral und zahlreicher anderer Kirchen im ganzen Land. Die Neuigkeit wurde weltweit bekanntgegeben, und schon bald setzte eine wahre Flut von Glückwünschen, Blumen und Geschenken ein. Es ist nicht ungewöhnlich, daß die Geburt eines zukünftigen Königs so pompös gefeiert wird, aber bei Prinz Williams Geburt war die Freude vielleicht noch größer als gewöhnlich. Ein gesundes Kind bedeutete ganz automatisch den Erhalt der verehrten traditionsreichen Monarchie – erst recht, wenn es sich um einen Jungen handelte. Es war das erstemal seit 1910, daß es zwei direkte männliche Thronfolger gab, Vater und Sohn. Somit ruhte offensichtlich von Anfang an eine große Last auf Baby Williams Schultern.

Obgleich das königliche Baby von einer ganzen Nation bewundert wurde, hatte es in den ersten Tagen seines Lebens noch keinen Namen! Das lag zum Teil daran, daß die Auswahl des Namens eines künftigen Königs eine ernste Angelegenheit ist. Sein Name wird für immer in die Geschichte eingehen und ist darüber hinaus auch an eine Tradition gebunden, die verlangt, Altes mit Neuem zu verknüpfen; Geschichte und Gefühl. Aber er blieb auch deshalb einige Zeit namenlos, weil seine Eltern sich nicht einigen konnten. Charles optierte für den Namen Arthur. Diana zog William vor, ein Name, der sich aus den Wörtern ›Wille‹ und ›Helm‹ zusammensetzt und in vergangenen Jahrhunderten ein weitverbreiteter Name englischer und schottischer Könige war. Der letzte englische König dieses Namens war William (Wilhelm) IV., der von 1830 bis 1837 regierte.

Sie gelangten zu einem Kompromiß, aber das Baby bekam erst mehrere Wochen nach seiner Geburt offiziell die Namen William Arthur Philip Louis. Die letzten zwei Namen waren ein Tribut an Menschen aus Charles´ Verwandtschaft, darunter den Großvater des Kindes, Prinz Philip. Sein Nachname, Windsor, bedeutet, daß er ein Nachkomme des Königshauses Windsor ist. Wäre er kein Royal,

Prinz William gilt als das attraktivste Mitglied
der Königlichen Familie.
Die Gründe sind offensichtlich.

Der kleine William klettert auf einen Feuerwehrwagen, 1988.

William (ganz rechts) gibt auf Skiern eine gute Figur ab, Schweiz Januar 1996.

Prinz William vergnügt sich am Rand des Polofeldes auf seine Weise, 1989.

An seinem ersten Tag in Eton College posiert
Prinz William mit seiner Familie
und dem Leiter von Eton, Dr. Andrew Gailey.

Prinz William ist nicht das erste königliche Teenager-Idol.
1965 erschien in der amerikanischen Zeitschrift *16 Magazine*
ein Bericht über den attraktiven Prinz Charles.

›Können wir jetzt endlich gehen?‹
Die Prinzen Harry und William vergleichen ihre Uhren
bei einer Parade der Kriegsveteranen.

Immer öfter begleitet Prinz William seinen Vater bei Auftritten in der Öffentlichkeit.

Nach Schulschluß zieht Prinz Willia[m] gern mit seinen Freunden durch die Eton High Street.

Prinz Willia[m] trägt wie sei[ne] Schulkamerad[en] die Uniform d[es] Eton Colleg[e]

würde er den Nachnamen seines Großvaters väterlicherseits tragen: Mountbatten.

William bekam seinen Namen im Rahmen einer offiziellen Namensgebungszeremonie ›verliehen‹, und bei dieser Gelegenheit wurde auch die Geburtsurkunde ausgestellt. Dort ist er offiziell aufgeführt als ›Seine Königliche Hoheit Prinz William Arthur Philip Louis.‹

Wie zu erwarten, folgte bald eine Reihe von Spitznamen. Wills war eine Erfindung seiner Mutter – und ist der Spitzname, der haften geblieben ist. Sein Vater taufte ihn ›Willie Wombat‹. In den folgenden Jahren überschlug die Presse sich förmlich beim Erfinden neuer Spitznamen. Ein von der Presse angeregter Spitzname ergab sich, als es galt, über das nächste denkwürdige Ereignis zu berichten: seine Taufe. Bei dieser Gelegenheit wurde in den Medien aus dem Prinz of Wales der *Prince of Wails* (der weinende Prinz; Anm. des Übersetzers).

Die gesegnete Zeremonie von Prinz Williams Taufe fand am 4. August 1982 statt – das Datum wurde ausgewählt, damit die Taufe mit dem zweiundachtzigsten Geburtstag seiner Urgroßmutter, Queen Mum, zusammenfiel, so daß beide Anlässe gemeinsam gefeiert werden konnten. Die Taufe folgte einer jahrhundertealten Tradition. Sie wurde im Musikzimmer des Buckingham Palace vollzogen, und William trug dasselbe königliche viktorianische Taufkleidchen aus Honiton-Spitze wie schon zahlreiche seiner Vorfahren. Normalerweise wird es auf Windsor Castle aufbewahrt.

Sechs ausgesuchten Verwandten und Freunden wurde die Ehre zuteil, seine Taufpaten zu werden: Prinzessin Alexandra; Konstantin, Ex-König von Griechenland (ein Cousin zweiten Grades und guter Freund von Charles); Lord Romsey; die Duchess of Westminster; Lady Susan Hussey (eine *lady-in-waiting* der Queen) und Sir Laurens van der Post, Autor, Mystiker und spiritueller Guru von Prinz Charles. Die Taufe selbst wurde vom Erzbischof von Canterbury durchgeführt, dem religiösen Oberhaupt der anglikanischen Kirche.

Baby William verhielt sich während dem Großteil der Zeremonie wahrhaft prinzlich – bis er hungrig wurde. Wie bei jedem Säugling, ob blaublütig oder nicht, ist Hunger ein Grundbedürfnis, das lautes Weinen hervorruft – bis es befriedigt wird. Und genau das geschah auch bei Williams Taufe. Die eigentliche zwanzigminütige Zeremonie war abgeschlossen, aber es sollten noch die historischen und offiziellen Fotos geschossen werden. Und dies mußte geschehen, bevor Wills gefüttert werden konnte. Das paßte dem kleinen Prinzen gar nicht, und er schrie weiter kläglich, was ihm den Spitznamen *Prince of*

*Wails* einbrachte. Nichts konnte ihn beruhigen, nicht einmal das Eingreifen seiner Großeltern, die versuchten, die Atmosphäre aufzulockern. Queen Mum lobte seine kräftige Lunge, und die Königin witzelte, dies wäre wohl Williams erster Versuch einer feierlichen Rede.

Wills junge Mutter, Diana, fand schließlich eine Lösung. Sie schob ihm die Spitze eines Fingers in den Mund, so daß er vorübergehend etwas zum Nuckeln hatte, während die Aufnahmen gemacht wurden. Es beruhigte William und führte zu dem süßesten königlichen Taufbild, das die Welt je gesehen hat. Dieses und das historische Foto von Prinz William in den Armen seiner Urgroßmutter, dem Geburtstagskind, erschienen in den Zeitungen und Zeitschriften rund um den Erdball.

Aber auch wenn seine Geburt und Taufe recht traditionell verlaufen waren, bedeutete dies nicht, daß Williams Eltern ihren Schwur vergessen hätten, bei ihren eigenen Kindern einiges anders zu machen. Es fing bei Williams Kinderzimmer an, der sogenannten *nursery*. Die Wände wurden in Pastellfarben gestrichen, statt ›krankenhausgrün‹ wie jenes im Buckingham Palace, in dem Charles aufgewachsen war. Anstatt mit den traditionsreichenen, antiken Wiegen und Möbeln seiner Vorfahren, wurde Wills´ Zimmer im Kensington Palace mit modernen kindgerechten Möbeln ausgestattet. Die Tapete hatte ein Dekor mit weißen und blauen Häschen.

Aber William hatte zwei Zuhause, und das zweite, das Landhaus seiner Eltern in Highgrove, verfügte über ein noch hübscheres Kinderzimmer. Es hatte ein eigenes Badezimmer und die Wände waren mit vierzehn Disneyfiguren geschmückt – ein Sonderwunsch, von Diana für ihren Sohn, den zu erfüllen einen ganzen Monat erforderte. Zweifellos wurde hierdurch Wills´ Faszination für alles, was mit Disney zu tun hat, geboren.

Es ist gut, daß William zwei Kinderzimmer hatte, obwohl er noch mehr gebraucht hätte, um die vielen Geschenke unterzubringen, die aus allen Ländern der Welt eintrafen. Die meisten wurden jedoch an Kinderkrankenhäuser und Waisenhäuser weitergeleitet. Obgleich auch zahlreiche Geschenke von Staatsoberhäuptern und anderen Würdenträgern darunter waren. Das vielleicht erinnerungswürdigste Geschenk an Baby Wills war von Spitzenklöpplerinnen eines kleinen Küstenortes in England gefertigt worden: ein Buch mit Kinderreimen ganz aus Spitze – eine unglaubliche Arbeit, die fertigzustellen Zehntausende von Stunden erfordert hatte. Dieses Geschenk wurde natürlich behalten!

In der Vergangenheit waren die Königskinder vornehmlich von Kinderfrauen aufgezogen worden, da ihre Eltern von offiziellen Verpflichtungen und Staatsgeschäften zu sehr in Anspruch genommen wurden. Obwohl Charles und Diana sich geschworen hatten, es anders zu halten – und es auch weitgehend taten –, stellten sie zwei Kinderfrauen für ihren kleinen Thronfolger ein. Allerdings überraschte ihre Wahl der Kinderfrauen die Traditionalisten. Eine der Frauen, Barbara Barnes, besaß keine spezielle Ausbildung – ihre Qualifikation begründete ausschließlich auf praktischer Berufserfahrung. Sie war den Eltern wärmstens von Freunden empfohlen worden, und das ist immerhin der Weg, auf dem die meisten Menschen die Person auswählen, der sie ihr Kind anvertrauen wollen. Wie alles andere, was Wills betraf, wurde auch dies von den Medien aufgegriffen, und öffentlich debattiert. Die meisten befürworteten die Wahl, da Barbara, wie sie selbst am liebsten genannt wurde, nachgesagt wurde, sie sei sanft und doch konsequent. Vor allem aber weit weniger förmlich, steif und streng als Charles´ und Dianas Kinderfrauen es gewesen waren. Sie trug nicht einmal eine Schwesterntracht. Wills hatte jedoch noch eine ›Zweitkinderfrau‹ namens Olga Powell.

Aber wieviele fürsorgliche Menschen sich auch um den Prinzen kümmerten, Wills

Eltern versuchten, so viel Zeit wie nur möglich mit ihm zu verbringen. Wie die meisten frischgebackenen Eltern waren sie ganz vernarrt in ihr Baby. Charles, der es liebte, Wills zu baden, schrieb in einem Brief an einen Freund: »Er sieht wirklich erstaunlich appetitlich aus und hat Wurstfinger wie ich.«

Charles und Diana versuchten, nicht über längere Zeit von William getrennt zu sein, und brachen aus diesem Grund auch eine weitere königliche Tradition, als ihr Sohn erst neun Wochen alt war. Auf dem Flug von London nach Balmoral in Schottland nahmen sie ihren Sohn mit in dasselbe Flugzeug. Normalerweise reisen königliche Eltern und ihre Kinder nicht im selben Flugzeug, aber zuverlässigen Quellen zufolge bestand Diana darauf, *en famille* zu reisen, und setzte ihren Willen durch.

Auch gaben sich Williams Eltern alle Mühe, ihn vor dem gleißenden Licht der Öffentlichkeit zu schützen. Obwohl die Öffentlichkeit unersättlich war in ihrer Gier nach immer mehr Fotos des Neugeborenen, waren Charles und Diana entschlossen, ihn nicht zur Schau zu stellen. Da sie jedoch Verständnis dafür hatten, daß das Land ab und an einen Blick auf seinen künftigen König werfen wollte, legten sie Termine für eine begrenzte Anzahl Aufnahmen von Wills fest. Nur offiziell geladene Fotografen sollten den Thronfolger bei bestimmten Gelegenheiten ablichten dürfen. Die ersten zwei Gelegenheiten dieser Art waren das Verlassen des Krankenhauses und die Taufe gewesen.

Die dritte Gelegenheit ergab sich, als der drei Monate alte Säugling für sein offizielles Porträt posierte.

Die Aufnahme wurde vom Hoffotografen Lord Snowdon geschossen, der ganz nebenbei auch Wills Großonkel war – der Ehemann der Schwester seiner Großmutter, Prinzessin Margaret. Dieses erste Familienporträt von Charles, Diana und William, der aus großen Kulleraugen in die Kamera schaute, ging um die Welt. Später zierte es auch den Einband von Büchern über Königskinder, Titelseiten von Zeitschriften und sogar Souvenirkalender.

Das nächste Mal wurde William an seinem ersten Weihnachtsfest für die Öffentlichkeit abgelichtet. Er war sechs Monate alt, und wieder wurden die Fotos in einem streng kontrollierten Rahmen aufgenommen. Ausgesuchte Fotografen wurden drei Tage vor Weihnachten in den Kensington Palace geladen. Wills benahm sich vor der Kamera wie ein Profi, gurgelte, lachte, kicherte und saugte an seinem Beißring. Die meiste Zeit starrte er auf die Schmetterlinge, die die Sofakissen zierten, aber als seine Mutter ihn kitzelte, lächelte er pflichtschuldig. Als die Fotos erschienen, bezauberte der kleine Prinz erneut eine ganze Nation.

William verbrachte dieses erste Weihnachtsfest mit seiner Familie auf Windsor Castle, der Wochenendresidenz der Queen. Wenngleich er noch nicht annähernd alt genug war, zu verstehen, was um ihn herum geschah, besaß er bereits eine sehr ausgeprägte, starke Persönlichkeit. Er erwarb sich den Ruf, ›sich Gehör zu verschaffen‹, wie es eine Zeitschrift formulierte – mit anderen Worten, er weinte viel und laut! Dianas Vater zufolge war der sechs Monate alte William außerdem mit einem gesunden Appetit gesegnet und wuchs entsprechend: er wog bereits über acht Kilo. Er konnte noch nicht allein aufrecht sitzen, war aber Meister im Spucken – eine Gewohnheit, von der seine Eltern hofften, daß er sie bald ablegen würde. Außerdem konnte Wills inzwischen krabbeln, und wie seine Mutter erzählte, griff er nach jedem Gegenstand in Reichweite, der ihm interessant erschien. Sein Vater, Prinz Charles, beschrieb Baby Wills wie folgt: »Er ist unglaublich witzig und bringt einen ständig zum Lachen. Er ist überhaupt nicht schüchtern. Er ist ein echter Strahlemann ... allerdings sabbert er viel.«

Aufgrund des Sicherheitsrisikos konnte man mit ihm keine ausgedehnten Spaziergänge in öffentlichen Parks unternehmen, so daß Wills seine ersten Erfahrung im Freien innerhalb der von einer Mauer umgebenen Gärten von Highgrove House und auf dem Privatgelände des Kensington Palace sammelte. Er beklagte sich nicht! Prinz Williams Lieblingsspielzeug in diesem Alter war sein Teddybär. Außerdem war er fasziniert von einem Plastikwal, der kleine Bälle aus einer Öffnung oben an seinem Kopf ausstieß.

Wie die meisten zärtlichen Großmütter trug auch Ihre Königliche Hoheit, Königin Elizabeth II. von England, immer Fotos von ihrem geliebten Enkel bei sich. Und wie die meisten stolzen Mütter hielt Diana die Fortschritte ihres Sohnes auf Video fest. 1982 wirkten die Windsors nach außen hin wie eine glückliche Familie; niemand wußte etwas von Schwierigkeiten, und es gab auch noch keine Anzeichen für die Probleme, die folgen sollten. Erst später wurde bekannt, daß Prinz Williams Mutter unter sehr schlimmen postpartalen Depressionen gelitten und eine Eßstörung entwickelt hatte. Später sollte sie sagen, daß Baby Wills damals die einzige Freude in ihrem Leben gewesen sei. Diana haßte es, längere Zeit von ihrem Sohn getrennt zu sein. Vielleicht begleitete William deshalb im zarten Alter von nur neun Monaten seine Eltern auf einer langen Reise – bis nach Australien und Neuseeland. Es war keine Urlaubsreise, sondern das königliche Äquivalent einer

Geschäftsreise, und bis dahin war es noch nie vorgekommen, daß ein Royal ein Baby auf Staatsbesuch mitgenommen hätte.

Man darf nicht vergessen, daß Wills´ Eltern trotz aller Freude an ihrem kleinen Baby wichtigen Verpflichtungen nachkommen mußten. Als Prinz und Prinzessin von Wales gehörte es zu ihren Aufgaben, ›Goodwill‹-Reisen rund um den Globus zu unternehmen. Im Frühjahr 1983 war eine sechswöchige Reise durch Australien vorgesehen, das Mitglied des Commonwealth ist. Schon Monate vor Reiseantritt erklärten Charles und Diana, daß sie Wills mitnehmen würden. Offiziell hieß es, der Palast – Wills Großmutter, um genau zu sein – billige dieses Vorhaben, trotz der Risiken einer gemeinsamen Reise beider Thronanwärter. Inoffiziell gaben jedoch verschiedene Quellen zu, daß Diana einen langen und erbitterten Kampf mit ihrer Schwiegermutter führen mußte, ehe ihr das Privileg gewährt wurde, den kleinen William mitnehmen zu dürfen. Es gab aber noch andere Skeptiker. Manche behaupteten, Wills würde allein aus politischen Überlegungen heraus mitgenommen: damit er ganz Australien bezaubere und die Einwohner bereitwilliger für den Fortbestand der Monarchie votierten. Aber aus welchen Gründen auch immer, Wills begleitete seine Eltern – und machte hierdurch Geschichte, als jüngster Thronfolger, der je an einer Royal Tour teilnahm. Auch gelang es ihm – was niemanden überraschte –, erst ganz Australien und anschließend Neuseeland zu verzaubern. Tatsächlich blieb William zusammen mit seiner Kinderfrau und einigen anderen Angestellten sechs Wochen an einem Ort, während seine Eltern das ganze Land bereisten und ihn an den Wochenenden besuchten. William verbrachte diese Zeit auf einem privaten, abgelegenen ländlichen Anwesen mit Swimming Pool. Dort machte er auch das erstemal leichte Schwierigkeiten. Er zerrte ein Tischtuch von einem Kaffeetisch, und Tassen und Untertassen sowie eine Schale mit Keksen segelten zu Boden.

Natürlich posierte Prinz William auch bei einem offiziellen Fototermin mit seinen Eltern. Diesmal demonstrierte er seine motorischen Fähigkeiten. Er stützte sich mit den Händen am Boden ab, zog sich irgendwo hoch, bis er auf wackligen Beinchen stand. Er kaute genußvoll an einer Osterglocke und spielte mit einem Plüschkoala. Außerdem hob er eine Handvoll Erde auf und steckte sie sich in den Mund! Sein Vater gestand den Fotografen, daß die Lieblingsbeschäftigung des kleinen William derzeit darin bestünde, »den Inhalt von Papierkörben zu untersuchen«. Seine Mutter, die immer noch ganz vernarrt war in ihren Sohn, flüsterte ihm ins Ohr: »Na, wer ist denn hier der kleine Superstar?« Bei diesem

Fototermin trug William einen kurzärmeligen durchgehenden blauen Strampelanzug mit weißem Smokbesatz. Kaum waren die Fotos in Dutzenden von Magazinen und Zeitungen erschienen, setzte ein ›Run‹ auf ähnliche Babybekleidung ein. Tatsächlich war die Nachfrage nach exakt dem gleichen Strampelanzug so groß, daß eine bereits geschlossene Fabrik wieder geöffnet werden mußte, um für Nachschub zu sorgen. Auf seine Art vollbrachte Baby William seine erste königliche gute Tat, indem er unwissentlich dazu beitrug, in seinem Heimatland Arbeitsplätze zu schaffen.

Die begeisterte Zuneigung für den kleinen Thronfolger, der als nächstes den Spitznamen ›Billy the Kid‹ erhielt, griff um sich. Australische Politiker sprachen ihren Wählern aus dem Herzen, als sie zu Charles und Diana sagten . »Wir hoffen, daß Prinz Williams Aufenthalt hier nur der erste von vielen Besuchen ist« und »Wir freuen uns darauf, Prinz William vorgestellt zu werden und ihn kennen und lieben zu lernen wie Euch, Sir.« Williams Eltern wurden bei jeder Etappe ihrer Rundreise mit Geschenken für den kleinen Prinzen überhäuft: vor ihrer Abreise wurden fünfzigtausend Präsente gezählt. Ein ganz besonderes Geschenk war ein von einem Maori-Stamm in Neuseeland gefertigter Mantel aus Kiwifedern, eine kleinere Version eines Mantels, der zuvor bereits Prinz Charles überreicht worden war.

Als Wills von seiner Dreizehntausend-Kilometer-Rundreise zurückkehrte, gönnte man ihm eine wohlverdiente Ruhepause. Seine Eltern hingegen mußten schon bald wieder aufbrechen – diesmal zu einer viel kürzeren Reise in einen anderen Mitgliedstaat des Commonwealth: Kanada. Obgleich sie nicht lange fort waren, versäumten sie Williams ersten Geburtstag. Aber das Ereignis wurde dennoch gefeiert. Als Wills aufwachte, hielten Menschen, die sich vor dem Kensington Palace versammelt hatten, ihm ein Geburtstagsständchen und sangen »Happy Birthday«. Mom und Dad kehrten mit einer ganzen Flugzeugladung voller Geschenke zahlreicher Gratulanten aus ganz Kanada zurück. Daheim warteten sogar noch mehr Präsente, darunter ein Shetland Pony vom Shetland-Pony-Zuchtverband. Das Pferdchen hieß ›Lion‹, und man erwartete, daß der künftige König mit zwei Jahren beginnen würde, Reitunterricht zu nehmen. Seine Eltern bemühten sich nach Kräften, einerseits die dauernden Forderungen der Öffentlichkeit nach Einzelheiten aus Wills Leben zu erfüllen und selbst so viel Zeit wie möglich mit ihrem Sohn zu verbringen, und andererseits, ihn möglichst abzuschirmen, um ihm seine Privatsphäre zu erhalten. Ausgesuchte Informationen wurden an die Presse weitergegeben und sofort von einem gierigen Publikum verschlungen. Die Zeitschrift

*Royalty* führte Wills Fortschritte auf: ›mit sechs Wochen konnte er lächeln; mit siebzehn Wochen konnte er sich auf den Bauch drehen und mit den Unterarmen aufstützen; mit sechs Monaten konnte er mit ein wenig Hilfe aufrecht sitzen und kurze Zeit später auch ganz allein

Mit acht Monaten bekam er den ersten Zahn; mit neun Monaten begann er zu krabbeln, und im Alter von zehn Monaten machte er seine ersten Schritte, auf ›Jumbo‹ gestützt, den alten blauen Elefanten auf Rädern, der früher seinem Vater gehört hat. Die ersten selbständigen Schritte machte er auf Highgrove, und an seinem ersten Geburtstag wog er zwölf Kilogramm.«

Williams zweiter größerer ›öffentlicher Auftritt‹ erfolgte kurz vor seinem zweiten Weihnachtsfest 1983, als er achtzehn Monate alt war, in den Gärten des Kensington Palace. Als Ehrengäste waren Fotografen und Fernsehteams geladen. Prinz William war inzwischen neunzig Zentimeter groß und hatte elf Zähne. Auf die Aufforderung seiner Eltern »Zeig ihnen, wie gut du laufen kannst«, rannte er prompt in die falsche Richtung, von den Kameras fort. Er mußte dreimal zurückgeholt werden, ehe er schließlich kooperierte. Er hatte auch keine große Lust zu lächeln, bis seine Mom auf ihren Mann zeigte und fragte »Wer ist das?« William strahlte wie ein Honigkuchenpferd und sagte »Daddy!« Die Fotografen knipsten wie wild, und das Ergebnis waren Dutzende von Aufnahmen eines glücklichen Babys. Wills trug einen marineblauen Schneeanzug, der vorn mit den Buchstaben ABC bestickt war. Der Anzug wurde sofort zu einem Verkaufsschlager.

Dieser öffentliche Auftritt gehörte zu den ersten, bei denen William, wäre er alt genug gewesen, solche Dinge zu begreifen, vermutlich gespürt hätte, daß der Ruhm ein zweischneidiges Schwert war. Bis dahin war alles, was über ihn berichtet worden war, von Begeisterung und Überschwang geprägt gewesen. Immerhin war er noch ein Baby; wofür sollte man ihn kritisieren können?

Aber wie jeder Prominente weiß, werden manche Pressevertreter immer etwas Negatives zu berichten haben, und so blieb auch Wills hiervon nicht verschont. Es hieß, er wäre ›nicht frühreif‹ (was soviel bedeuten sollte wie ›nicht allzu helle‹); würde ›sehr langsam krabbeln‹ (!) und sei nicht hübsch. ›Er ist pummelig und kräftig, hat aber ein Mondgesicht und sieht mürrisch aus‹, hieß es in einem Artikel. Mit anderen Worten, Wills wurde vorgeworfen, ›unattraktiv‹ zu sein!

Als er größer wurde, machten Williams Kinderstreiche im ganzen Land die Runde. Kurz nachdem er gehen gelernt hatte, lernte er auch laufen – und bei einer denkwürdigen Gelegenheit lief er geradewegs durch einen Infrarotstrahl und löste einen Alarm aus, der den ganzen Kensington Palast in helle Aufregung versetzte! Ein anderes Mal drückte der neugierige Wills einen Knopf – wozu waren Knöpfe auch sonst da? – und prompt schrillte die Alarmanlage auf Balmoral Castle. Außerdem kletterte er gern in Abfalleimer und versteckte die Golfbälle seines Vaters in unbenutzten Schuhen.

Ein normaler kleiner Junge in Williams Alter hätte jetzt die ersten Spielkameraden kennengelernt. Und obgleich an Prinz William nie etwas ›normal‹ war oder sein würde, mangelte es ihm nicht an kleinen Freunden. Zu seinem Glück gab es Cousins, von denen mehrere etwa in seinem Alter waren. Wills war ganz vernarrt in seinen älteren Vetter Peter Philips, den Sohn seiner Tante Prinzessin Anne (Charles´ Schwester), der Wills beibrachte, Fotografen die Zunge herauszustrecken! Außerdem spielte Wills gern mit Peters Schwester Zara, die nur ein Jahr älter war als er, sowie mit seinen Cousins mütterlicherseits, den Kindern von Dianas älteren Schwestern Jane und Sarah.

Als Williams zweiter Geburtstag nahte, gab

es gleich zwei große Neuigkeiten. Zum einen hatte der kleine Thronfolger seine erste wichtige Lektion gelernt: Er hatte gelernt, den Menschen zuzuwinken, die ihn anbeteten. Natürlich hatte er keine Ahnung, warum er für solchen Aufruhr sorgte, jedesmal, wenn er das Haus verließ, und er wußte auch noch nichts von seiner Bestimmung. Er ahnte auch nichts von dem zweiten großen Ereignis, das im Herbst 1984 stattfinden sollte: die Geburt eines kleinen Brüderchens.

## Kapitel 3

## König Knirps

Die Welt wußte lange vor William von der bevorstehenden Geburt eines Geschwisterchens. Die Neuigkeit wurde unmittelbar vor Wills zweitem Geburtstag offiziell bekanntgegeben, und während Prinzessin Diana ihre königlichen Rundreisen unternahm, wurde immer deutlicher, daß sie selbst runder und runder wurde! Ihr zweites Kind sollte im September 1984 auf die Welt kommen.

So wie bei Williams Geburt versammelten sich zahlreiche Gratulanten vor dem St. Mary´s Hospital, in freudiger Erwartung eines weiteren glücklichen und historischen Ereignisses. Ihre Geduld wurde belohnt, als Prinzessin Diana am 15. September um sechszehn Uhr vierzig einen dreitausendfünfhundert Gramm schweren gesunden Sohn zur Welt brachte. Diesmal wurden die Einzelheiten sofort veröffentlicht. Der stolze Papa, der, wie es hieß, gehofft habe, es würde ein Mädchen, teilte seinen Untertanen erste Details mit. Das Neugeborene sei ›wunderbar‹, habe hellblaue Augen und eine undefinierbare Haarfarbe, die später als ›Rost‹ bezeichnet werden sollte. Dieses Baby bekam viel schneller einen Namen als sein älterer Bruder. Schon einen Tag nach seiner Geburt wurde offiziell bekanntgegeben, daß der kleine Junge Prinz Henry Charles Albert David of Wales heißen, aber Prinz Harry gerufen werden solle.

Die Presse verlieh ihm prompt noch einen anderen Namen ›Der Ersatzprinz‹. Die britische Monarchie verfügte nun über einen Thronfolger und einen Ersatzthronfolger, ein Hinweis darauf, was geschehen konnte, falls der Erstgeborene aus irgendeinem Grund nicht den Thron bestieg. (Diese Situation ergab sich viel früher in diesem Jahrhundert, als Edward VIII., der erstgeborene Sohn von George V., abdankte, um – aus Liebe – eine Bürgerliche zu heiraten. Und so wurde der Nächstgeborene, George VI., König: Prinz Williams Urgroßvater).

William, gerade zwei Jahre alt, wurde am Tag nach der Geburt seines Bruders ins Krankenhaus gebracht. Er war Harrys erster Besucher. In seiner Sonntagskleidung, roten Shorts und einem weißen Hemd, betrachtete er staunend die über eintausend Menschen, die sich vor dem Krankenhaus eingefunden hatten. Als er an der Hand seines Vaters die Vordertreppe hinaufstieg, ließ William sich nicht anmerken, wie er zu der Geburt seines Geschwisterchens stand. Aber er brachte seine Meinung hierzu schon kurze Zeit später zum Ausdruck, als er sich in die ausgebreiteten Arme seiner Mutter warf. In der Presse hieß es später: »Als William seinen Bruder sah, lachte er. Er durfte das Baby anfassen und seine Hand halten.« Der Besuch dauerte nur fünfzehn Minuten, trug jedoch vermutlich dazu bei, die spätere Beziehung zwischen den beiden Jungen zu festigen. Ihr Vater erklärte: »Sie haben sich vom ersten Moment an prächtig verstanden.« Und wie es schien sollte die Beziehung Wills zu seinem kleinen Bruder von Liebe und Zärtlichkeit geprägt bleiben. Charles erwähnte sogar einmal, daß Wills gern »zu dem Baby ins Bettchen kletterte, um es zu drücken.«

Auch diesmal verließ Prinzessin Diana das Krankenhaus mit dem Neugeborenen schon sehr bald nach der Geburt.

Wie schon bei Wills, setzte auch diesmal eine Flut von Hunderttausenden von Geschenken für Harry ein. Darunter waren sogar kleine weiße Stiefel, die per Ballon eintrafen! Der berühmte Sänger Barry Manilow schickte ein knapp fünfzehn Zentimeter hohes Babyklavier. Wills wurde jedoch nicht von der Geschenkeflut ausgenommen. Kurz nach

Harrys Geburt bekam er, wohl um seinen Schmerz darüber zu lindern, daß er Ruhm und Eltern künftig würde teilen müssen, einen Miniatursportwagen von Jaguar im Wert von über hunderttausend Dollar geschenkt. (Später würde er ihn zu Schrott fahren, aber das ist eine andere Geschichte).

Neben den Gratulanten gab es aber auch Miesmacher – das gehört dazu, wenn man berühmt ist und die Presse über alles berichtet, was man tut. An dem Tag, da Harry aus dem Krankenhaus nach Hause kam, hieß es in der Presse, Prinz Charles wäre schon eine Stunde nach der Geburt seines zweiten Sohnes auf und davon, um Polo zu spielen. Niemand sprach offen von einem Familienzwist, aber rückblickend sieht es doch so aus, als wäre dies der Anfang vom Ende gewesen.

Über Williams Dad wurde geschrieben, sein Leben wäre von ›Komitees‹ bestimmt worden; anstelle seiner Eltern seien ganze Gremien einberufen worden, um über Angelegenheiten wie seine Bildung, seine sportliche und musikalische Erziehung und sogar seine Freundschaften zu befinden. Charles hatte diese Art der Erziehung verabscheut und sich für seinen Sohn etwas anderes gewünscht. Und Diana, die mit sechs Jahren ihre Mutter ›verloren‹ hatte, wollte erst recht für ihre Kinder so erreichbar wie nur möglich sein. Und bis zu einem gewissen Grad waren beide Elternteile das auch. Aber sie hatten auch Hilfe, und das in nicht unerheblichem Umfang. Neben den Kinderfrauen kümmerten sich täglich noch zahlreiche andere Hausangestellte in Kensington und Highgrove um Wills und Harry.

Es gab Butler, Sekretäre, Kammerdiener, Zofen, Köche, Chauffeure, Haushälterinnen, Reinigungspersonal, eine Ordonnanz und zahlreiche Helfer, alles in allem an die zwanzig Personen, deren Aufgabe darin bestand, den Haushalt und seine Mitglieder zu versorgen. Gelegentlich wurde Prinz William ein persönlicher Detektiv namens Dave Sharp zur Seite gestellt, der als Leibwächter fungierte. Wills freundete sich sofort mit seinem neuen erwachsenen Spielgefährten an. Er schloß den Detektiv derart ins Herz, daß seine Eltern fürchteten, er würde sich zu sehr an eine Person klammern, und um dies zu verhindern, stellten sie noch weitere Leibwächter für den kleinen Prinzen ein.

Natürlich wuchs Prinz William damit auf, daß Erwachsene ihm jeden Wunsch erfüllten; ihm erschien das völlig normal. Aber das heißt nicht, daß er überheblich oder herrisch geworden wäre. Im Gegenteil freundete sich William mit den Menschen an, die dazu da waren, ihm zu dienen oder ihn zu beschützen, und dieser Charakterzug hat sich bis zum heutigen Tag gehalten. Natürlich kann er gar nicht anders als zu wissen, daß er etwas Besonderes ist, aber darüber hinaus bringt er anderen Menschen aufrichtiges Verständnis und Interesse entgegen. Beides Eigenschaften, die hervorragend zu einem Herrscher passen, wie er eines Tages einer sein wird.

Aber egal wie umfangreich das Personal war, die eigentliche Erziehung der Prinzen William und Harry übernahm ihre Mutter. Dianas Schlafzimmer lag so dicht beim Kinderzimmer, daß sie in der Nacht jedes Wimmern hören konnte. Und wie die meisten fürsorglichen Mütter war es meist sie, die hinübereilte, wenn einer der Prinzen weinte. Wie die meisten normalen Kleinkinder kroch William zu ihr ins Bett, wenn er schlecht geträumt hatte.

Selbstverständlich war alles, was mit dem königlichen Kleinkind zu tun hatte, von großem Interesse für ganz England. Etwas von dieser Neugier wurde bei dem offiziellen Fototermin an Williams zweitem Geburtstag befriedigt. Für seinen fünfzehnminütigen Auftritt – wieder im Garten des Kensington Palastes, – kickte er einen Fußball, wurde von seinem Vater auf der Schaukel angeschubst und steckte sein königliches Köpfchen in verschiedene Kameralinsen, um zu sehen, was sich darin versteckte. Wills geizte mit Lächeln, stellte aber seinen wachsenden Wortschatz unter Beweis. Er wiederholte alles, was seine Eltern ihm vorsagten. Er lauschte aufmerksam seinem Vater, der auf die Videokameras zeigte, die auf ihn gerichtet waren, und sagte: »Diese wurstähnlichen Dinger dort halten alles fest, was du sagst – sei also auf der Hut.« Ob Wills in diesem zarten Alter diese Warnung verstand, ist zweifelhaft; aber er sollte die Lektion schon noch früh genug lernen.

Zwischen seinem zweiten und seinem dritten Geburtstag bekam Wills einen neuen Spitznamen: König Knirps. Denn wie viele launische Zweijährige, war er ein willensstarker und manchmal destruktiver kleiner Teufel. Zahlreichen veröffentlichten Berichten zufolge machte er vieles kaputt, versuchte, die Schuhe seines Vaters in der Toilette herunterzuspülen und war ganz allgemein ›temperamentvoll und laut.‹ Seine Mutter bezeichnete ihn als ›Minitornado‹. Eine Zeitschrift schrieb sogar: ›Das Ausmaß der von Prinz William angerichteten Verwüstung ist wirklich beeindruckend für jemanden, der noch so klein ist!‹ Sein eigener Vater verriet ihn an die Presse, indem er zugab, daß er ›eine große Zerstörungswut‹ an den Tag lege.

Seine Kinderfrau gestand, daß er ›schwer zu bändigen‹ wäre. Offenbar gab es Reibungspunkte zwischen dem, was seine weichherzige Mom ihm durchgehen ließ, und dem, was die Kinderfrau für angemessen hielt. Es wurde auch von Streitigkeiten zwischen Williams Eltern wegen Barbaras Einfluß berichtet. Charles wollte ihr noch größeren Einfluß einräumen, während Diana, die nicht wollte, daß die Kinderfrau zu einer Ersatzmutter würde, ihren Einfluß beschneiden wollte. Das alles führte zu Unstimmigkeiten, die schließlich darin gipfelten, daß Barbara Barnes ›in gegenseitigem Einvernehmen‹ kündigte. Eine neue Kinderfrau, Ruth Wallace – die William Roof nannte, weil er ihren Namen nicht aussprechen konnte – wurde eingestellt. Sie hatte zuvor bereits in anderen königlichen Haushalten gearbeitet, unter anderem bei Prinzessin Marie-Christine von Kent, deren eigene Kinder als die besterzogendsten in Königskreisen galten.

Wills hatte jedoch auch eine sehr liebenswerte Seite, und auch hierüber wurde pflichtgetreu berichtet. Er war fasziniert vom Pomp und Prunk der Armeesoldaten und Offiziere, die in Uniform Spalier standen und vor Prinz Charles salutierten.

Wills machte sich einen Spaß daraus, den militärischen Gruß nachzuahmen, jedesmal, wenn sein Dad zur Tür hereinkam.

Als Harry älter wurde, begann er, Wills nachzuahmen, und der Anblick kleiner Prinzen, die vor Prinz Charles salutierten, war im Windsor-Haushalt nichts Ungewöhnliches.

Ebenso wenig leider auch die immer häufigere Abwesenheit von Charles, über die gemunkelt wurde. Während viele Kinder mit Eltern aufwachsen, die häufig auf Geschäftsreise sind, können nur wenige jedes Detail dieser Reisen in der Zeitung nachlesen! Aber Wills Dad, der Thronfolger, war oft hin und her gerissen zwischen königlichen Pflichten und Vaterliebe, eine gelinde gesagt schwierige Situation. Im Jahr nach Harrys Geburt führten Charles´ offizielle Pflichten ihn für eine Woche nach Papua, Neuguinea, sowie für einen Monat auf Staatsbesuch in verschiedene andere Länder.

Die Abwesenheit seines Vaters schien Wills Unbeschwertheit jedoch keinen Abbruch zu tun. Der kleine Junge, dem der Schalk im Nacken saß und der so von Pomp und Prunk fasziniert war, schien die viele Aufmerksamkeit, die man ihm zollte, zu genießen. Er wurde lockerer bei Fototerminen. Im Alter von drei Jahren beherrschte Prinz William die Kunst des Händeschüttelns – etwas, was er in seinem Leben vermutlich häufiger tun wird als die meisten anderen Menschen auf der Welt. Auch hatte er seine Eltern auf einer Kreuzfahrt im Anschluß an eine siebzehntägige Rundreise durch Italien begleitet. Er hatte die ganze Nation bezaubert und war wunderbar mit jubelnden Menschenmengen und blitzenden Kameras zurechtgekommen.

In diesem Alter entwickelte Prinz William eine sehr enge Beziehung zu seiner Großmutter. Natürlich ist das innerhalb einer Familie nichts Ungewöhnliches, aber in Wills Fall war diese Beziehung bedeutungsvoller. Denn die Königin von England war die Person, die ihn später in die Familiengeschichte und seine Pflichten einweisen sollte. Dieser Teil seiner ernsthaften Erziehung sollte später kommen, und mit drei Jahren nannte Wills sie noch liebevoll ›Garry‹, da er ›Granny‹ nicht aussprechen konnte, und liebte es, wenn sie auf den mit rotem Teppich ausgelegten Fluren des Buckingham Palace mit ihm fangen spielte! Prinz William lernte außerdem in den Palastschwimmbädern schwimmen, und seine Mutter und seine Großmutter waren stets zur Stelle, um ihn zu ermutigen.

An den seltenen ruhigen Tagen daheim, da Prinzessin Diana eine Pause vergönnt war, mampfte Wills ein Sandwich mit seinem Lieblingsbrotaufstrich ›Marmite‹ (eine Paste von butterartiger Konsistenz) und spielte häufig in ihrem Zimmer, während sie Korrespondenz erledigte.

In Abständen unterbrach sie ihre Arbeit und stellte ihm Aufgaben. »Er ist ein sehr lebhafter, normaler kleiner Junge, der alles das tut, was man von einem Kind in seinem Alter erwartet«, berichtete ein Sprecher des Buckhingham Palace und fügte hinzu, daß ihn weiterhin eine sehr enge und liebevolle Beziehung mit seinem Bruder Harry verbinde. Von

Eifersucht, sofern es überhaupt welche gab, ließ er sich nichts anmerken.

Im eigenen privaten Schwimmbad inmitten eines Palastes schwimmen zu lernen, war nur einer von vielen Vorzügen und Privilegien, mit denen Wills und sein Bruder Harry aufwuchsen. Ihre beiden Zuhause, Kensington Palace und Highgrove House, waren ausgesprochen luxuriös. Der Palast ist ein Anwesen aus rotem Backstein am Rande des sechshundert Morgen großen Hyde Parks in London. Das Anwesen verfügt über einen kleinen, von Mauern umgebenen Garten, in dem Wills und Harry reichlich Platz hatten, herumzutollen, Fußball zu spielen oder zu schaukeln. Das Wochenendhaus der Familie, Highgrove, war sogar noch luxuriöser.

Das Haus stand auf einem tausend Morgen großen Grundstück in Gloucestershire, hundert Meilen westlich von London, verfügte über aufwendigere Gärten, einen privaten Swimming Pool und einem Stall mit sechs Pferdeboxen. In zweien davon waren Wills (zweites) Shetlandpony Trigger und das seines Bruder Harry namens Smokey untergebracht. Wills wurde eine Pferdepflegerin zugeteilt, die ihm das Reiten beibringen sollte, Marian Cox. Er lernte ebenso mühelos reiten wie er zuvor gelernt hatte, mit seiner Popularität umzugehen – 1986 wurde er auf seinem Pony photographiert; er trug eine Reitkappe und ein

Micky-Maus-T-Shirt und winkte fröhlich in die Kamera.

Der kleine Prinz unternahm außerdem gern Ausflüge auf der hundertvierundzwanzig Meter großen königlichen Jacht *Britannia* mit ihrer zweihundertvierzig Mann starken Besatzung. Einige der Besatzungsmitglieder waren ausschließlich für ihn abgestellt, um ihn davon abzuhalten, Dummheiten zu machen und natürlich auch zu verhindern, daß er über Bord ging. Aus diesem Grund mußte Wills auch die ganze Zeit, die er sich an Bord aufhielt, eine Schwimmweste tragen.

Außerdem befanden sich zwei Hubschrauber und drei Privatjets im Besitz der Familie. Diese Flugmaschinen sind zwar auch Statussymbole, aber sie haben vor allem praktische Seiten: Reisen gehört nun einmal zum Job der Royals. Williams Eltern mußten unzählige Termine wahrnehmen und an zahllosen offiziellen Veranstaltungen, Partys und Wohltätigkeitsgalas auf der ganzen Welt teilnehmen. An einem Punkt war der Terminkalender seiner Mutter für neun Monate vollständig ausgefüllt. Im Laufe eines Jahres bekamen Wills und seine Familie fünftausend Einladungen!

Ein weiteres Glanzlicht von Wills königlichem Dasein sind Ferien – und zwar reichlich. Traditionell machen die Royals häufig lange und spektakuläre Ferien. Da wäre alljährlich im Juli die zehntägige Kreuzfahrt durch die westlichen Inseln an Bord der königlichen Jacht. Eine Seereise ermöglicht es der Familie sich legerer zu kleiden und zu entspannen. Zur Abwechslung wird auch des öfteren angelegt, so daß sich viele Gelegenheiten zum Einkaufen oder für ein Picknick am Strand bieten. An den Abenden spielt an Bord der Jacht zur Unterhaltung ein Streichorchester.

Auf die Kreuzfahrt folgt ein zehnwöchiger Aufenthalt auf Balmoral Castle, das am River Dee gelegen und von fünfzigtausend Morgen Land in einer der schönsten Regionen Schottlands umgeben ist. Während der Ferienaufenthalte dort unternahm Prinz William mit seiner Familie Picknicks im Freien und begann mit seiner Ausbildung in so königlichen Fächern wie Fischen und Schießen.

Weitere königliche Ferien, darunter sechs Wochen vor und über Weihnachten und zwei Wochen an Ostern, wurden sogar in noch mondänerem Umfeld verbracht, unter anderem auf den Skipisten einiger der luxuriösesten Orte der Welt, wie beispielsweise Klosters in der Schweiz. Als Wills noch ein Kleinkind war, reiste er nach Spanien und verbrachte zehn Tage am Strand, an Bord einer Privatjacht und im Sommerpalast von König Juan Carlos. Natürlich begleitete Wills darüber hinaus seine Eltern auf verschiedenen offiziellen Reisen, was ihn zu einem weitgereisten jungen Mann machte.

Aber gleich wie ungewöhnlich oder privilegiert sein Leben auch sein mochte, Wills Eltern bemühten sich weiterhin, eine gewisse Normalität in sein Leben zu bringen. Einer der größten Schritte in diese Richtung, entgegen aller königlichen Traditionen, ergab sich 1985, als Wills knapp über drei Jahre alt war. Damals kam er in den Kindergarten.

## Kapitel 4

## William der Schreckliche?

Die Erziehung eines zukünftigen Königs wird nicht auf die leichte Schulter genommen. In der Vergangenheit wurden die meisten Thronerben in Prinz Williams zartem Alter – einschließlich seines Vaters – zu Hause von Privatlehrern unterrichtet. Das erlaubte dem Lehrer nicht nur, sich voll und ganz auf seinen einzigen Schüler zu konzentrieren, sondern war darüber hinaus die sicherste Lösung. Denn neben den Vorzügen und Privilegien im Leben des kleinen Prinzen bestand auch die latente Gefahr, daß er entführt würde oder gar Schlimmeres.

Aber Prinz Charles und Prinzessin Diana waren überzeugt davon, daß die Sicherheitsfrage sich regeln ließe, so daß Wills mit seinen Freunden zur Schule gehen konnte. »Er soll den Spaß und die Freiheit anderer Kinder in seinem Alte nicht missen. Außerdem muß er Gelegenheit haben, sich selbständig Freunde zu suchen«, hieß es im *Royal Monthly Magazine*. Ein Insider fügte hinzu: »Charles und Diana möchten, daß William und später auch Harry ein möglichst normales Leben führen. Charles erinnert sich noch gut daran, wie unglücklich er selbst während seiner Schulzeit war, und er möchte nicht, daß seine Kinder dasselbe durchmachen.«

Zuerst stieß dieser Entschluß im Palast – genauer, bei der Queen – nicht auf Gegenliebe. Wenn Wills nicht daheim unterrichtet werden solle, könne doch ein Kindergarten im Kensington Palace eingerichtet werden, den noch andere Kinder besuchen dürften, meinte die Königin. Es gab zahlreiche hitzige Debatten zu diesem Thema, und die theoretisch in Frage kommenden Kindergärten wurden allesamt einer gründlichen Prüfung unterzogen. Einige waren einfach zu weit weg, andere kamen nicht in Frage, weil die Sicherheit des Prinzen nicht gewährleistet werden konnte. Auch die Presse stellte Spekulationen darüber an, wo der kleine Wills seinen ersten Kindergartentag antreten würde.

Letztendlich setzten sich Williams Eltern gegen die Königin durch. Hiermit verstießen sie gegen die Tradition, der sich alle vorangegangenen Anwärter auf den britischen Thron hatten beugen müssen. Am 24. September 1985 begann Williams eigentliche Ausbildung mit seinem ersten Tag in Mrs. Mynors

Kindergarten im Stadtteil Nottinghill Gate im Westen Londons. Der Name des Kindergartens, der in einem imposanten Sandsteinhaus untergebracht war, klang wenig hochtrabend, aber tatsächlich bestand eine direkte Verbindung zum Königshaus: Mrs. Jayne Mynors war Schwägerin eines Cousins von Queen Mum. Es handelte sich um einen privaten Kindergarten, und die Gebühren waren hoch genug, um zu garantieren, daß Wills nur mit ähnlich privilegierten Kindern zusammenkommen würde. Außerdem brachte Prinz William jemanden mit, der seinen außergewöhnlichen Status bewies: seinen ganz privaten bewaffneten Leibwächter!

Die Medien berichteten enthusiastisch über Williams ersten Tag im Kindergarten. Hunderte von Fotografen und Reportern waren anwesend, um den Augenblick zu dokumentieren, da der zögernde aber neugierige Dreijährige in roten Shorts und mit einer Postman-Pat-Lunch-Box sich mit einem Kuß von seinen Eltern verabschiedete und die ersten Schritte durch die Tür des Kindergartens machte. Wills winkte in die Kameras; ein Polizist salutierte.

Und so begann William sein Leben als ›ganz normales‹ Kindergartenkind. Das ›Klassenzimmer‹ selbst unterschied sich nicht groß von dem der meisten anderen Kindergärten. Es war hell erleuchtet und mit Buchstaben, Zahlen, Papierballons und Kunstwerken von

Kinderhand geschmückt. Spielzeug, Bücher und Bastelutensilien füllten Regale und Kisten. William, wie er auf Anweisung seiner Eltern anstelle von Seine Königliche Hoheit oder Prinz William genannt wurde, hatte sogar seinen ganz eigenen Kleiderhaken in Kinderhöhe. Er saß auf einem dreißig Zentimeter hohen Stuhl zusammen mit sechs anderen Kindern an einem Tisch.

Insgesamt besuchten sechsunddreißig Kinder den Kindergarten. Sie waren in drei Altersgruppen eingeteilt. Wills begann in der Schwanenküken-Gruppe und stieg dann nacheinander auf zu den Jungschwänen und den Großen Schwänen. Er und seine Schulkameraden verbrachten ihre Tage mit Beten, Malen, Basteln und Musik. In dem von Mauern umgebenen Garten spielte er auf einer Rutsche, die in ein Miniblockhaus eingebaut war. In den Pausen trank Wills das Orangengetränk, das er von zu Hause mitbrachte.

Es ist wenig bekannt geworden von Williams Kindergartendasein, aber einige Kleinigkeiten sind doch an die Öffentlichkeit gelangt. Sein bester Freund hieß Nicholas, und zusammen stellten sie einiges an. So malten sie sich beispielsweise gegenseitig das Gesicht an, anstatt die Farbe auf Papier aufzutragen. Einmal spülte der königliche Schlingel die Pausenbrote eines Kindergartenkameraden in der Toilette hinunter.

Das alles wäre völlig belanglos gewesen, wenn Wills ein gewöhnliches Kindergartenkind gewesen wäre, aber so machte es Schlagzeilen. Er war eben kein gewöhnliches Kind, und er wird nie ein gewöhnlicher Sterblicher sein.

Alles in allem hatte Wills keine Mühe, sich im Kindergarten anzupassen. Sein erster selbstgebastelter Schatz, eine Papiermaus, wird für die Nachwelt aufbewahrt. In seinen zwei Jahren im Kindergarten erfüllte er ohne Anstrengung die Ziele der Einrichtung: Er lernte, sich ganz allgemein in ein System einzufügen, und erwarb erste Grundkenntnisse in Lesen, Schreiben und Rechnen. Da Williams Aufenthalt bei Mrs. Mynors so erfolgreich verlaufen war, trat sein Bruder Harry in seine Fußstapfen.

Anders als sein extrovertierter Bruder wirkte der kleine Harry an seinem ersten Tag nervös und in sich gekehrt. Aber schließlich lebte er sich doch gut ein – er haßte es nur, wenn man ihn mit William verglich. Einmal warf ein zorniger Harry einen Tonklumpen auf den Fußboden, als eine Erzieherin meinte, William wäre im Modellieren geschickter gewesen.

Aber die Bemühungen von Williams Eltern, ihm ein normales Leben zu ermöglichen, beschränkten sich nicht auf den Kindergarten. Er und sein Bruder wurden (in Begleitung ihrer Leibwächter) häufig zu öffentlichen Spielplätzen gebracht, um mit ganz gewöhnlichen Kindern herumzutoben. Sie hatten beide eine besondere Vorliebe für Rutschbahnen. Anders als vorangegangene Thronerben, konnte der kleine Prinz William in Fastfood-Restaurants wie McDonald´s Hamburger essen und Vergnügungsparks besuchen, wo er Achterbahn fuhr und die Wildwasserbahn hinunterrauschte. Eins seiner Lieblingsausflugsziele war die Riesenrutsche im Windsor Safari Park.

Aber William brauchte der Normalität zuliebe nicht auf prinzliche Vorzüge zu verzichten. Er bekam immer noch privaten Reitunterricht und verlebte ausgedehnte Ferien auf See. Einmal blieb das bekannteste Londoner Warenhaus Harrods an Weihnachten für einige Stunden geschlossen, nur damit Wills den ganzen Laden für sich allein hatte, um seine Weihnachtseinkäufe zu erledigen.

1986 beschrieb Prinz Charles William »als großartige kleine Persönlichkeit. Er ist fröhlich, hat Humor und ist sehr aufgeschlossen.« Vielleicht war das eine diplomatische Art auszudrücken, daß William in vieler Hinsicht immer noch ein kleines Ungeheuer war.

In jenem Jahr nahm William an seiner ersten Hochzeit innerhalb der Familie teil, der Trauung seines Onkels Prinz Andrew (dem Bruder seines Vaters) mit Sarah Ferguson. Während die Augen der Welt auf dem königlichen Paar ruhten, zappelte und flüsterte Wills während der ganzen Zeremonie. Dann stritt er mit einem Blumenmädchen und schnitt den Mädchen, die seiner Großmutter Blumen überreichten, Grimassen. Das alles war nichts Ungewöhnliches für ein Kind im Vorschulalter, aber aufgrund seiner Abstammung wurde es dennoch von der Presse aufgegriffen.

Im Januar 1987 war Prinz William soweit, den nächsten Schritt in seiner Ausbildung zu tun. Als seine Tage im Kindergarten sich ihrem Ende näherten, fragten Williams Freunde ihn, welche Schule er besuchen würde. Aber das wußte der junge Prinz noch nicht. »Das darf ich aus Sicherheitsgründen nicht wissen«, antwortete er.

Er wollte dorthin, wo auch seine Freunde hingehen würden, und es ist durchaus möglich, daß einige von ihnen ihm tatsächlich erhalten blieben, da William als nächstes eine Schule besuchte, die ganz in der Nähe des Kindergartens lag.

Damals sagte Prinzessin Diana: »Wir sind sehr aufgeschlossen, was William und seine Erziehung betrifft. Wir werden eine Schule finden, in der er sich einfügen kann.« Jene, für die sie sich nach erneuter sorgfältiger Suche entschieden, war die Wetherby-Schule, eine Grundschule nur für Jungen im Alter von viereinhalb bis acht. Da die Schule sich außerhalb des Palastes befand, wurde erneut eine königliche Tradition gebrochen, diesmal die des Privatunterrichts.

In der kleinen, elitären und disziplinbetonten Wetherby Schule ging es etwas förmlicher zu als bei Mrs. Mynors. Zum einen mußte Wills so wie alle anderen Schüler eine Uniform tragen, die aus schwarzen Shorts, einem weißen Button-down-Hemd mit roter Krawatte und einem schiefergrauen Jackett mit dem eingestickten roten Logo der Schule bestand. Eine ebenfalls graue Schirmmütze vervollständigte die Schuluniform.

Sämtliche Zeitungen berichteten auf der Titelseite von Williams erstem Schultag 1987. Zahlreiche Reporter trotzten der Januarkälte, um das Ereignis für die Nachwelt festzuhalten. Der viereinhalbjährige William, wurde später geschrieben, sei schüchtern und nervös gewesen, als er aus dem Wagen stieg, und habe ängstlich das Bein seiner Mutter umklammert. Aber er war gefaßt genug, den Journalisten, die seinen Namen riefen, ein scheues Lächeln zu schenken und ihnen zuzuwinken.

In Wetherby waren die Schwerpunkte weniger die akademischen Fächer als vielmehr Musik und gutes Benehmen. William war in beidem ein Naturtalent. Er liebte Musik und hörte zu Hause am liebsten das ›Phantom der Oper‹ ebenso ein Lieblingsmusical seiner

Mutter. William hatte bereits mit Klavierstunden begonnen, obgleich die einzige ›Melodie‹, die er bislang beherrschte, Tonleitern waren. Auch auf dem Gebiet Umgangsformen hatte er einen Vorsprung. »Er hält Damen die Tür auf und spricht Männer mit Sir an«, bemerkte Diana mit angemessenem mütterlichen Stolz.

Aber obgleich Wetherby so großen Wert auf Musik und gutes Benehmen legte, gehörte die Schule vom Gesamtniveau her zu den besten Grundschulen Londons. William lernte in einer Klasse von zwanzig Schülern Lesen, Schreiben, Rechnen und Erdkunde. Hinzu kamen Unterricht in französischer Kunst und ein Computerkurs. Höhepunkte des Schuljahres waren das Weihnachtskonzert und das Sportfest, bei dem die Schüler ihr Können beim Fußball, Krickett und Schwimmen demonstrieren konnten.

Williams Lieblingsfach war Kunst, und er besaß auch einiges Talent. Während seine Schulkameraden meist Strandszenen und futuristische Autos malten, zeichnete William häufig Burgen mit gelben Klecksen in den Schießscharten – das ›Geschützfeuer‹, wie er erklärte. Aber nicht nur seine Faszination für alles Militärische hob ihn von seinen Mitschülern ab – es gab noch genügend andere Dinge, die ihn von den anderen Jungen unterschieden.

Zum einen war da der allgegenwärtige Leibwächter, der jeden Tag auf dem Schulhof war, um über William zu wachen, und zum anderen seine Garderobe. Während die der anderen Jungen lediglich mit einer Plakette mit ihrem Vornamen gekennzeichnet waren, stand auf Williams Namensschild ›Prinz William‹. Und wie nicht anders zu erwarten, wurde er aufmerksamer beobachtet als jeder andere Schüler vor oder nach ihm. Sein Benehmen, seine intellektuellen Fortschritte, seine Freundschaften mit anderen Jungen – das alles war in den Zeitungen nachzulesen, so daß die ganze Welt hierüber unterrichtet war. Während einiges durchaus positiv war, wurde auch viel Negatives berichtet. Es wurde darauf hingewiesen, daß William im akademischen Einstufungssystem von Wetherby (»Streaming« genannt), nicht in die Gruppe der intelligentesten Schüler aufgenommen wurde, sondern unter den Durchschnittsschülern rangierte. Seltsamerweise betrachte sein Vater dies als Pluspunkt. Prinz Charles wurde vom *People* Magazin wie folgt zitiert: »Zu klug zu sein kann von Nachteil sein für ein Leben wie jenes, das vor William liegt. Mir ist es wichtiger, dafür zu sorgen, daß unsere Kinder sich anständig benehmen, Rücksicht auf andere nehmen und lernen, sich in andere hineinzuversetzen. Falls sie sich als nicht überragend intelligent oder qualifiziert erweisen, aber zumindest anständige Manieren haben, werden sie es im Leben viel weiter bringen als wenn sie gar keine hätten.«

William schien von Natur aus mitfühlend zu sein, und sein Vater meinte, dies wäre ein Charakterzug, der einem Führer gut zu Gesicht stünde. Ein Schulkamerad Williams sagte: »Ich habe oft gesehen, wie Prinz William ein kleines Kind getröstet hat, das sichtlich unglücklich war. Er spricht solange ernsthaft mit dem Betroffenen, bis der sich besser fühlt. Dann erst spielt er selbst weiter. Er denkt wirklich an andere.«

Williams Gebaren in Wetherby war jedoch auch von einigem zweifelhaften Benehmen geprägt. Wie es einem künftigen Monarchen ansteht, schien er eine bestimmende Haltung zu entwickeln. Ein Beobachter meinte: »Prinz William kann schon sehr rechthaberisch sein. Er ist der geborene Anführer und übernimmt gern das Kommando. Er organisiert gern Spiele wie ›Fangen‹, bei denen es recht wild zugeht.« Leider erntete er in Wetherby noch einen weiteren Spitznamen: William der Schreckliche und/oder Billy Basher (Billy der Schläger). Sein Geschick darin, Dinge kaputt zu machen, hatte sich im Laufe der Jahre weiterentwickelt. Und er hatte ein neues Spiel entdeckt: Einschüchterung. Es hieß, daß wenn er unterlegen war, er den anderen Jungen drohte. Einige der Drohungen, die er aussprach, gehören seit Generationen zum

Repertoire von Millionen von Kindern, wie beispielsweise das beliebte: »Mein Daddy kann deinen Daddy verhauen.« Nur daß William es sich nicht nehmen ließ, darauf hinzuweisen, daß sein Daddy der Prinz of Wales war. Schlimmer noch, das kleine Ekel fügte drohend hinzu: »Wenn ich König bin, schicke ich meine Ritter aus, um dich zu töten!«

Solche kindlichen Drohungen sind nicht ungewöhnlich und werden gemeinhin auch nicht ernst genommen; ganz sicher wäre darüber nicht in der Presse berichtet worden, wenn sie nicht von Prinz William ausgestoßen worden wären, der begann, seine einmalige Stellung in der Welt zu begreifen sowie eine Vorstellung von der Macht zu bekommen, die er eines Tages inne haben würde. »William weiß, daß er etwas Besonderes ist«, sagte ein Besucher des Familienanwesens Highgrove. »Er ist unglaublich selbstsicher für einen Jungen seines Alters.« Manchmal begleitete Prinzessin Diana den Chauffeur, der William zur Schule fuhr. Wenngleich sie ihn selten nach Schulschluß abholte, war sie oft zu Hause, wenn er am Nachmittag heimkam.

Williams Leben daheim setzte sich fort wie gehabt. Er probierte alles, was kleine Jungen seines Alters machten – er grub im Garten Regenwürmer aus, adoptierte ein Hauskaninchen, das er auf dem Gelände von Highgrove fand, spielte Fußball und weitete seine beachtliche Sammlung von Spielzeugwaffen, Schwerter, Thundercats und Transformern aus. Er liebte es, mit seiner Nanny in den Zoo zu gehen, wo er oft Eis und Lutscher bekam.

Darüber hinaus tat William noch vieles, was seinem privilegierten Status entsprach: er posierte für offizielle Porträts, flog im Privatflugzeug der Queen, das von seinem Vater gesteuert wurde, und verbrachte Ferien de luxe. Als er sechs war, unternahm er mit seinen Eltern und seinem Bruder eine Radtour auf den Scilly-Inseln vor der Küste Cornwalls.

Prinz Williams Lieblingsbeschäftigung in dieser Zeit bestand darin, auf seinem Pony Trigger auszureiten.

Und er entwickelte sich bereits zu einem recht anständigen Reiter. 1988 nahm er an seinem ersten Turnier teil und gewann eine Schleife als drittbester Nachwuchsreiter seiner Klasse. Ein paar Monate später gewann er eine zweite als ›bester Nachwuchsreiter‹.

Seine Liebe zu Pferden teilte er mit seiner Großmutter, Queen Elizabeth. Das war ihr Hauptgesprächsthema, wenn er und Granny, wie er sie inzwischen nannte, zusammen waren. Die Königin, selbst eine ausgezeichnete Reiterin, konnte oft nicht ganz mit ihrem Enkel mithalten. »William trabte auf seinem Pony so zügig voran, daß ich Mühe habe, mit ihm Schritt zu halten«, erzählte sie einmal. Ganz offensichtlich hatte sie ihren Enkel sehr gern. Ein Insider meinte dazu: »William hat die tadellosen Manieren und das gute Aussehen seiner Mutter geerbt, und wie die meisten Frauen um ihn herum ist auch seine Großmutter ganz vernarrt in ihn.«

In diesen Jahren wurde William oft auf den Reitwegen in Highgrove gesehen und winkte fröhlich dem steten Strom von Gästen zu, die anreisten, um seine Eltern zu besuchen. Er grüßte sogar die Spaziergänger, die von einem öffentlichen Weg aus nur einen flüchtigen Blick auf das Anwesen werfen konnten. William war an die Würdenträger, Offiziere und Staatsoberhäupter, die seinen Vater besuchten, gewöhnt. Nicht gewöhnt war er allerdings an die Rockstars, von denen einer ihm ganz besonders auffiel. Obgleich er heute sicher errötet bei der Erinnerung, fragte der sechsjährige William, als Rocker Bob Geldof Prinz Charles und Prinzessin Diana einen Besuch abstattete, schockiert: »Warum hat er denn so schmutzige Haare, Daddy? Und warum trägt er Turnschuhe?«

Wenngleich Prinz Charles immer noch häufig in Staatsangelegenheiten verreisen mußte, war William oft an seiner Seite, wenn sein Vater daheim war. Der kleine Prinz liebte es, seinen Dad zu Smiths Lawn in Windsor zu begleiten, wo Prinz Charles an den Wochenenden häufig Polo spielte. Er sah seinem Vater beim Spiel zu und lief zwischen den Chukkers auf das Spielfeld, um seinen ›Poppa‹ zu umarmen. Aber am allerliebsten fütterte Wills die Poloponys und klaute auch schon mal ein Stück Zucker für sich oder Harry.

Mit beiden Elternteilen zusammen sein zu können, war ein seltener Luxus – bald sollte es damit fast gänzlich vorbei sein, aber das wußte Wills damals natürlich noch nicht -, und so machte die Familie das Beste aus diesen seltenen Gelegenheiten.

In ihren Gemächern in Kensington oder hinter den schmiedeeisernen Toren ihrer Highgrove-Residenz aßen sie oft morgens oder mittags *en famille.* William und Harry wurden ermuntert, Freunde zu sich nach Hause einzuladen, darunter auch ihren älteren Cousin Peter und ihr Cousine Zara, aber man versuchte, sie von etwas fernzuhalten, was die meisten Kinder als normal betrachten: Fernsehen. »Zu viel Fernsehen ist nicht gut«, meinte ihr Vater, »das beeinträchtigt Kinder in ihrer Phantasie.« Tatsächlich nannte Prinz Charles die erzählerischen Fähigkeiten seines Freundes Sir Laurens van der Post als Hauptgrund, weshalb er diesen als Williams Taufpaten ausgewählt hatte. »Er ist einer der besten Geschichtenerzähler, die mir je untergekommen sind, und ich wollte meinem Sohn die Möglichkeit eröffnen, bei seinem Patenonkel auf dem Schoß zu sitzen und sich seine wunderbaren Geschichten anzuhören.«

Abgesehen von Besuchen bei seinem Patenonkel (der im Dezember 1996 starb), verbrachte William auch viel Zeit bei seinen Großeltern – nicht nur der Queen und Prinz Philip, sondern auch Dianas Eltern Frances Shand Kydd und dem Earl of Spencer. Dianas Vater sagte einmal über seinen Enkel: »William ist clever, energisch und bringt sich immer wieder in Schwierigkeiten. Aber er hat so viel Charme, daß man ihm einfach nicht böse sein kann, egal, wie unartig er auch gewesen ist.«

Als Wills sieben Jahre alt war, folgte Harry ihm nach Wetherby. Natürlich wurde ihre Beziehung in der Schule kommentiert, und natürlich begann man nun ernsthaft, die beiden Jungen zu vergleichen. ›Wie alle Geschwister‹, schrieb die Zeitschrift *Redbook*, ›vertragen auch William und Harry sich nicht immer. Trotzdem stehen die beiden Jungen sich sehr nahe. William fühlt sich als Beschützer seines kleinen Bruders.‹ Und obgleich Harry der intelligentere der beiden zu sein schien und in die Gruppe der begabteren Schüler eingestuft wurde, schien es, als würde er Wills über die Maßen bewundern.

Obwohl ihre Eltern sich alle Mühe gaben, beide Jungen gleich zu behandeln und darauf zu achten, daß sie dieselben Regeln befolgten und die gleiche Erziehung genossen, hatten die Brüder doch Grund, aufeinander eifersüchtig zu sein. Immerhin wird William eines Tages König sein und als solcher den Löwenanteil des beträchtlichen väterlichen Vermögens erben. Aber er wird hierfür einen hohen Preis bezahlen müssen und im Gegensatz zu Harry kaum ein Privatleben haben. Dem ›Ersatzthronfolger‹ hingegen wird der Luxus eines Privatlebens zuteil werden. Zwar scheint der Anlaß nicht Eifersucht gewesen zu sein, aber einmal hielt William den viel kleineren Harry bei den Füßen aus einem Fenster von Windsor Castle – angeblich, um seinem Bruder einen besseren Ausblick zu verschaffen. Aber irregeleitet oder nicht, William begann, Verantwortung für seinen Bruder zu übernehmen und legte hierin zunehmende Reife an den Tag.

Bei seinem nächsten öffentlichen Auftritt, der Hochzeit einer Cousine seiner Mutter, wurde er zum Pagen bestimmt. Anstatt die Zeremonie wieder zu stören, wie damals bei Andrews Hochzeit, half er, Harry und die anderen kleinen Pagen und Brautjungfern zu beaufsichtigen. »Zurück! Zurück in die Reihe!« befahl Wills streng.

Tatsächlich benahm sich William Harry gegenüber zuweilen wie ein dritter Elternteil. Als William nach einem Besuch bei ihrer neugeborenen Cousine Beatrice (Sarahs und Prinz Andrews Tochter) Harry dabei ertappte, wie er Reportern die Zunge herausstreckte, schüttelte er seinen Bruder und zischte: »Laß das, Harry! Das ist sehr ungezogen!«

Kurze Zeit später erklärte William seinem Bruder in einem Vergnügungspark den besten und schnellsten Weg eine Rutsche hinunter.

»Er paßte auf Harry auf und er ging sehr lieb mit ihm um«, sagte ein Beobachter.

Prinz William wurde älter, und als er sich der Mitte seiner Kindheitsjahre näherte, begann er nur zu gut zu begreifen, daß er kein Kind wie alle anderen war.

Prinz Charles sagte einmal: »Die Menschen erwarten sehr viel von uns, aber sobald einen jemand auf ein Podest gestellt hat, kommt eine zweite Brigade angelaufen und versucht, einen wieder herunterzuholen.« Ob exakt diese weisen Worte über die Schattenseiten des Ruhms William je zugeflüstert wurden, ist unbekannt. Aller Wahrscheinlichkeit nach ist er aber von ganz allein darauf gekommen, und das spätestens an seinem achten Geburtstag.

Williams Privatsphäre wurde so wenig respektiert, daß ein Reporter ihn in einem Waldstück in der Nähe seiner Schule dabei erwischte, wie er die Hosen runterließ und Pipi machte. Die Demütigung, bei der Verrichtung ertappt zu werden, ist eine Sache; aber es ist noch etwas anderes, wenn unter der Überschrift EIN KÖNIGLICHES BEDÜRFNIS auf zwei Zeitungsseiten davon berichtet wird.

Dieser Zwischenfall lehrte William größere Vorsicht, wenn er sich in der Öffentlichkeit bewegte. War er früher aufgeschlossen gewesen und hatte das Rampenlicht genossen, wurde er nun sehr mißtrauisch und skeptisch. Ironischerweise brachte dieser Wandel ihm ein positiveres Image ein. »Langsam werden sein Eigensinn und seine Ausgelassenheit von Manieren abgelöst«, wurde Wills neue Haltung kommentiert.

Eine Zeitschrift bezeichnete dieses Ereignis als den Wendepunkt in Williams Leben, den Augenblick, da die Wirklichkeit ihn einholte. »Er macht jetzt eine Phase durch, die nur sehr wenige Menschen durchleben, eine Zeit, in der er erkennen muß, daß das Schicksal ihm eine Sonderstellung zugedacht hat.«

Das Wichtigste in Williams Thronfolgerdasein war nun seine Erziehung.

Im Alter von acht Jahren war er soweit, die Wetherby School zu verlassen und seinen schulischen Werdegang anderswo fortzusetzen. Ursprünglich war Prinzessin Diana dagegen gewesen, ihn auf ein Internat zu schicken, da sie und Charles selbst Internate besucht hatten und dort sehr unglücklich gewesen waren. Außerdem hatte Diana William gern daheim. »Für mich ist der schönste Moment des ganzen Tages der, wenn ich zu den Kindern nach Hause komme«, sagte sie einmal.

Als es jedoch Zeit war für den nächsten Schritt in Williams schulischer Weiterbildung, mußte sogar Diana einsehen, daß ein Internat die beste Lösung war. Zum einen gestaltete sich der weitere Besuch einer normalen Schule aufgrund der erforderlichen Sicherheitsmaßnahmen als zu schwierig, und zum anderen wußten beide Elternteile, daß es für William nur von Vorteil sein konnte, wenn er möglichst bald lernte, eine gewisse Unabhängigkeit zu entwickeln.

Uns mag es grausam erscheinen, einen Achtjährigen auf ein Internat zu schicken, aber die meisten Menschen, die das englische Privatschulensystem durchlebt haben, stimmen zu, daß die Gewöhnung ans Internatleben mit zunehmendem Alter immer schwerer fällt. Es ist wie mit dem Radfahren; je eher man damit anfängt, desto leichter lernt man, das Zweirad zu beherrschen.

Und an diesem Punkt in seinem Leben war William vermutlich ohnehin soweit, flügge zu werden und das Nest zu verlassen. Auch wenn er, Harry und ihre Eltern nach außen hin immer noch als glückliche Familie galten, begann William vermutlich bereits, eine andere Wahrheit zu ahnen. Tatsächlich verstanden seine Eltern sich bereits nicht mehr; die Auseinandersetzungen zwischen ihnen häuften sich, und es konnte nicht mehr lange dauern, bis die Neuigkeit an die Öffentlichkeit drang. Wills war erst acht, aber man kann wohl davon ausgehen, daß er schon damals spürte, daß es gar keine schlechte Sache war, Abstand von daheim zu gewinnen.

# Kapitel 5

## Das Doppelleben des Prinzen

Zwar hatte man sich prinzipiell in der Internatsfrage geeinigt, aber die Auswahl der richtigen Schule für Prinz William sorgte wieder einmal für große Debatten, ebenso in der Presse wie hinter geschlossenen Palasttüren. In Großbritannien gibt es viele hoch angesehene Internate, darunter Gordonstoun in Schottland, das Internat, das Prinz Charles besucht hatte. Nach intensiver Prüfung wurde beschlossen, daß William auf eine exklusive Preparatory School (auf eine Public School vorbereitende Schule; Anm. des Übersetzers) namens Ludgrove geschickt werden sollte, und obgleich es sich um ein Internat handelte, würde William die Wochenenden daheim verbringen. Freitags konnte der junge Prinz nach Hause fahren, da Ludgrove sich in Berkshire befand, nur fünfundzwanzig Meilen von London entfernt. Diese Regelung machte seine Mutter sehr glücklich.

Aber die Lage war nicht der einzige Vorteil, den Ludgrove zu bieten hatte. Die Schule hatte ein ausgezeichnetes Renommee. Die einhundert Jahre alte Einrichtung hatten schon zahlreiche Royals und Aristokraten besucht, darunter der Duke of Kent und Sarah Fergusons (Williams Tante) Vater, Major Ronald Ferguson. Noch wichtiger war vielleicht, daß das Jungeninternat Ludgrove als Nachwuchsschmiede für Eton betrachtet wurde, einer der berühmtesten und prestigereichsten Preparatory Schools in ganz England. William nach Ludgrove zu schicken, das nachweislich viertausend Dollar pro Schuljahr kostete, deutete möglicherweise bereits darauf hin, daß seine Eltern sich schon jetzt über den nächsten Schritt seiner Erziehung einig waren.

Es ist jedoch zweifelhaft, ob William am 10. September 1990, seinem ersten Tag im Internat, soweit dachte. Die obligatorische Horde von Fotojournalisten, die ihn bereits vor der Schule erwarteten, war ihm längst ein vertrautes Phänomen. Aber diesmal war Wills weder geneigt zu winken noch für die Kameras zu posieren, sondern betrat das Gebäude wie ein ganz normaler Schüler. William wurde von seinen Eltern begleitet, und von ihnen flankiert schüttelte er dem Schuldirektor die Hand und ging dann zu seinem Zimmer. Der Umstand, daß die drei zusammen eintrafen, Charles jedoch in einem separaten Wagen vorfuhr und

William in den Wagen seines Vaters umstieg, kurz bevor sie in die Einfahrt der Schule einbogen, sorgte für einiges Aufsehen. Nachdem sie William in ›perfekt einstudierter Manier‹ abgeliefert hatten, verließen Charles und Diana das Schulgelände getrennt und sahen einander neununddreißig Tage lang nicht wieder.

Wie schon im Kindergarten und in Wetherby, waren einige Erfahrungen von Wills in Ludgrove völlig normal und andere außergewöhnlich. »Wir werden Prinz William genauso behandeln wie jeden anderen Schüler«, erklärte der Direktor an Wills erstem Schultag, und tatsächlich bemühte man sich nach Kräften, dieses Vorhaben in die Tat umzusetzen.

Wills wurde als ›squit‹ bezeichnet, der Spitzname der älteren Internatsschüler für die Neuen.

Er mußte jeden Tag die offizielle marineblaue Uniform von Ludgrove tragen. Außerdem war er sämtlichen Vorschriften und Regeln unterworfen und mußte dieselben Einrichtungen benutzen wie die anderen hundertsechsundachtzig Internatsschüler. Das heißt, er mußte sich ein Zimmer mit vier anderen Jungen teilen, um sieben Uhr fünfzehn aufstehen, den Gemeinschaftswaschraum benutzen, im Speisesaal frühstücken, am Unterricht teilnehmen und um zwanzig Uhr das Licht löschen. Anrufe nach Hause waren nicht gestattet. Zusammen mit seinen Klassenkameraden wurde William in den Grundfächern Lesen, Schreiben und Rechnen unterrichtet und belegte zusätzlich die Wahlfächer Kunst, Französisch und Schreinern. Zu den Sporteinrichtungen auf dem hundertdreißig Morgen großen Campus gehörten ein Schwimmbad, Tennisplätze und ein Golfplatz.

Was William jedoch von seinen Mitschülern unterschied, war die Art der Anrede. Während in Ludgrove alle Schüler mit Nachnamen angeredet werden, wurde der junge Prinz schlicht William gerufen. Und man kann wohl davon ausgehen, daß auch kein anderer Schüler seine eigenen Leibwächter mitbrachte, die Tag und Nacht über ihn wachten. Dies verleitete einen Stadtbewohner zu der Bemerkung es werde ›schrecklich viel Aufhebens gemacht, um einen so kleinen Jungen.‹

Als der kleine Junge nach Ludgrove kam, war er schon viel reifer. Fotografische Beweise für schlechtes Benehmen – darunter der Versuch, eine Lehrerin in den Po zu kneifen – waren selten. Anstatt seine Mitschüler mit Drohungen zu terrorisieren, wie er es früher getan hatte, war William von Anfang an beliebt. Er beteiligte sich an allen Schulaktivitäten, einschließlich Fußballspielen, und Prinzessin Diana wurde oft dabei abgelichtet, wie sie ihn von der Tribüne aus anfeuerte und einmal sogar nach einer Niederlage seiner

Mannschaft auf dem Spielfeld tröstete. Wie die meisten anderen Mütter kam sie an den speziellen Tagen, zu denen die Eltern eingeladen wurden. Diana belegte den zweiten Platz bei einem Mütterrennen auf Ludgrove und spielte mit William ein Mutter-Sohn-Doppel bei einem Tennisturnier. Vielleicht als Dankeschön, rief William das Lieblingsrestaurant seiner Mutter an und reservierte dort einen Tisch, um sie zu überraschen. Er war damals erst neun.

Und doch machte sich langsam bemerkbar, daß er ständig im Licht der Öffentlichkeit stand. Ein Insider sagte: »William hat ein sehr konkretes Bild seiner selbst und hat Angst, sich lächerlich zu machen.«

Während William sich im Internat gut einlebte, gestaltete sich das Leben daheim kompliziert, da er jedes Wochenende abwechselnd bei seinem Vater und seiner Mutter verbrachte. Charles und Diana hatten sich zwar noch nicht offiziell getrennt, gingen jedoch bereits ihre eigenen Wege, und 1991 begannen für William die Jahre, in denen er zwischen beiden Elternteilen hin und her pendelte. Wenn Charles nicht gerade verreist war, hielt er sich gewöhnlich in seinen Privaträumen im St. Jame´s Palast in London auf oder auf Balmoral in Schottland. Diana war meist im

Kensington Palace in London anzutreffen. Beide nutzten auch ihr Landhaus Highgrove House, jedoch selten zur selben Zeit.

Es stimmt, daß William viel weniger Zeit bei seinem Vater verbrachte, dem öffentlich vorgeworfen wurde, sich weniger um seinen Sohn zu kümmern und somit ein schlechter Vater zu sein. Einer bekannten Anekdote zufolge, stürmte William zu Beginn der ersten Ferienwoche seit seinem Eintritt ins Internat überglücklich in Charles´ Arbeitszimmer im Londoner Palast, traf seinen Vater jedoch dort nicht an. William brach in Tränen aus, woraufhin Diana Charles auf Balmoral anrief und ihn bat, seinem Sohn eine ›Willkommen zu Hause‹-Nachricht zu faxen. Hiernach wurde Faxen eine häufige Kommunikationsmethode zwischen Vater und Sohn. Ein Angestellter von Highgrove berichtete: »William stand mit glänzenden Augen vor dem Gerät und sah zu, wie der Apparat langsam die Nachrichten seines Vaters ausspuckte.«

Charles´ Distanz zu seinen beiden Söhnen wurde zu einem vieldiskutierten Thema in den Medien, aber das bedeutete nicht, daß William keine Zeit mit seinem Vater verbrachte. Tatsächlich meinte einer von Charles´ Freunden, es wäre ein Fall von Qualität vor Quantität: »Wenn [Charles] die Jungen bei sich hat, kümmert er sich rührend um sie, auch wenn er sie hinterher vielleicht einen

Monat lang nicht sieht.« Ein zweiter fügte hinzu: »Charles behandelt William fast so wie sein eigener Vater, Philip, ihn in seiner Kindheit behandelt hat«. Mit anderen Worten, sie sahen einander nur selten.

Aber egal wie selten sie auch waren, Williams Besuche bei seinem Dad wurden akribisch dokumentiert. Gewöhnlich unternahmen er und sein Vater die Art von Aktivitäten im Freien, für die die Königsfamilie sich bekanntermaßen begeistert: Jagen, Angeln, Schießen und Reiten. Wills schien all das Spaß zu machen, und er glänzte sogar in allen ›Disziplinen‹. Bei seinem Vater kleidete er sich in dem konservativen Stil, der von einem künftigen Monarchen erwartet wurde, und nahm seine Mahlzeiten, die vom Palastpersonal zubereitet wurden, zu Hause ein. Neben den traditionellen Speisen wie Würstchen und Obstkuchen, wurde William angehalten, Lebensmittel zu essen, die von Charles eigenen Biohöfen stammten. Sein Vater entwickelte sich zu einem engagierten Umweltschützer, und Wills wurde schon sehr früh dahingehend indoktriniert.

Die Menschen im Umfeld seines Vaters waren völlig anders als jene, mit denen Diana verkehrte, und William lernte sie bald gut kennen. Dazu gehörten Tiggy Legge-Bourke, die Charles als Kinderfrau angestellt hatte für die Gelegenheiten, bei denen die Jungen bei ihm waren, und Camilla Parker-Bowles, eine alte Freundin seines Vaters, die später noch eine viel größere und öffentliche Rolle in seinem Leben spielen sollte. Es muß schwer für William gewesen sein, daß Diana die Frauen, die seinem Vater so nahestanden und denen er solches Vertrauen entgegenbrachte, nicht ausstehen konnte. Wenn William sie mochte, was aus sicherer Quelle bestätigt wurde, mußte er das Gefühl haben, sich seiner Mutter gegenüber unloyal zu verhalten. Hieraus entstand ein Konflikt, der ihn noch Jahre belasten sollte.

Das Leben mit seiner Mom, die der bei weitem aufmerksamere Elternteil zu sein schien, war völlig anders. Es heißt, Diana hätte ihre Termine auf Wills´ und Harrys abgestimmt. »Sie hat es nie versäumt, William persönlich am Freitag vom Internat abzuholen«, berichteten Beobachter.

Mit ihrer Mom unternahmen Wills und Harry all jene Dinge, die Spaß machten und die die meisten Kinder als selbstverständlich betrachten. Sie besuchten Vergnügungsparks, fuhren Ski, aßen in Fastfood-Restaurants und gingen ins Kino. William besuchte eine Autoausstellung und durfte sich ans Steuer eines hunderttausend Dollar teuren Ferrari-Cabriolets setzen. Bei Diana durfte Wills Jeans, Sweatshirts, Turnschuhe und eine Baseballmütze tragen, ähnliche Kleidung wie seine Mutter in ihrer Freizeit.

Da William ein so leidenschaftlicher Reiter war, versuchte Diana wiederholt, ihre eigene Angst vor Pferden – die von einem Sturz im Alter von fünf Jahren herrührte – zu überwinden. William nahm an Turnieren teil und sollte mit Hilfe eines neuen Reitlehrers seine Reitkünste noch verbessern. Zu diesem Zweck engagierte Diana Major James Hewitt, einen Helden des Golfkrieges und im Buckingham Palast stationierten Kavalleristen. William freundete sich rasch mit seinem neuen Ausbilder an; leider plauderte Major Hewitt später zahlreiche Familienvertraulichkeiten aus. Eine ähnliche Situation ergab sich, als Diana William zu einem Spiel des Rugby-Stars Will Carling mitnahm. Der Spieler, mit dem sie sich beide anfreundeten, entpuppte sich ebenfalls als Verräter.

Trotz der Trennung von Charles und Diana gab es etwas, das die auseinandergerissene Familie weiter zusammenhielt: Williams Erziehung zum künftigen Monarchen.

Das Jahr, in dem William in Ludgrove eingeschult wurde, war das Jahr, in dem er seinen ersten offiziellen Schritt in die Welt der königlichen Pflichten und öffentlichen Auftritte unternahm. Es gab offiziell sanktionierte ›Zeig dich von deiner Schokoladenseite‹-Fotosessions.

1990 stand er seiner Mutter bei einem Empfang im Kensington Palace zur Seite und schüttelte hundertachtzig Würdenträgern die Hand. Er wurde fein gemacht und besuchte mit seiner Mutter Musicals; er stellte sich mit seiner Familie den Fotografen für offizielle Porträts, die um die ganze Welt gehen sollten. In Vorbereitung auf seine zukünftige Rolle, im Rahmen derer er zahlreiche Reden wird halten müssen, lernte Wills, jeden Angestellten, der den Haushalt verließ, mit der ›Vielen Dank und alles Gute‹-Rede zu verabschieden.

Am 1. März 1991 mußte William seiner ersten wahren offiziellen Verpflichtung nachkommen. Das Internat befreite ihn für einen Tag vom Unterricht, damit er nach Cardiff in Wales reisen konnte. Prinz William mußte eine einen Meter achtzig hohe Tafel enthüllen, die für den Handel und die Kultur Cardiffs werben sollte – und ja, vermutlich war es ebenso langweilig wie es klingt. Aber Wills erfüllte seine Pflicht wie ein Mann. Er trug zu Ehren des St. David's Day eine gelbe Narzisse im Knopfloch, schüttelte unzählige Hände und mischte sich unter die mehr als zweitausendfünfhundert Menschen, die sich zu diesem feierlichen Anlaß versammelt hatten. Er errötete, als ein kleines Mädchen ihm einen Blumenstrauß überreichte und eine sechsundsechzig Jahre alte Frau sich über die Absperrung lehnte und ihn auf die Wange küßte. Irgendwann fragte Diana, wie er sich fühle, worauf Wills entgegnete: »Wie lange dauert das denn noch?«

Ein weiterer Schritt in Williams ›Lehre‹ war sein wachsendes Bewußtsein für wohltätige Zwecke, wofür Diana einige Berühmtheit in ihrem leider zu kurzen Leben erlangt hatte. Sie erachtete es als wichtig, daß Wills und Harry begriffen, daß es auf der Welt viele Menschen gab, die weniger vom Schicksal begünstigt waren als sie. Diana formulierte es folgendermaßen: »Ich möchte, daß sie (William und Harry) lernen, was die meisten Menschen bereits wissen – daß sie in einer multikulturellen Gesellschaft aufwachsen, in der nicht jeder reich ist, viermal im Jahr in Urlaub fährt, Oxford-Englisch spricht und einen Range Rover fährt.«

Diana lagen allem voran jene Organisationen am Herzen, die sich um Kinder kümmerten – vor allem für Schwerbehinderte, Aids-Infizierte und Drogenabhängige setzte sie sich ein. Anfang der neunziger Jahre war Diana Präsidentin, Schirmherrin oder ›Oberbefehlshaberin‹ von einundneunzig verschiedenen Organisationen. Auch trug sie den inoffiziellen Titel ›Am härtesten arbeitendes Mitglied des Königshauses‹. Prinzessin Dianas Einsatz für eine bestimmte wohltätige Organisation war die denkbar wirkungsvollste Werbung, so daß entsprechend mehr Gelder flossen. Dianas anhaltende Beliebtheit, die selbst über ihren viel zu frühen Tod hinaus reicht, ist zweifellos begründet in ihrer Selbstlosigkeit und ihrem persönlichen Einsatz.

Trotz der familiären Probleme und den offiziellen Pflichten hatte William weiterhin viel Spaß und genoß immer noch zahlreiche Privilegien. Da waren die vielen Ferien jedes Jahr, darunter ein erinnerungswürdiger Aufenthalt auf den Virgin Islands mit seinem Cousin Peter und seiner Cousine Zara. Peter, der vier Jahre älter war als Wills, brachte seinem jüngeren Vetter das Krickettspielen bei.

Wenn Prinz William an irgend etwas Interesse bekundete, bekam er für gewöhnlich auch Gelegenheit, es auszuprobieren. Seine Faszination für Waffen und alles Militärische reichte schon bis in seine früheste Kindheit zurück. Als er zehn war, bekam er seine eigene nachgearbeitete Uniform, eine Replik jener des Fallschirmspringerregimentes, bei dem sein Vater Ehren-Regimentschef war. Auch wurde Wills für einen Tag zum offiziellen Regimentsmitglied erklärt. In einem Tarnanzug lernte er, mit einem Gewehr umzugehen, und teilte das Essen der Soldaten, das ihm nach eigener Aussage sehr gut schmeckte.

Aber viele von Wills kindlichen Vergnügungen waren ganz schlicht und alltäglich. So liebte er es beispielsweise, mit seinem BMX-Rad auf dem Gelände seiner verschiedenen Zuhause herumzufahren; er fuhr zusammen mit seinen Freunden Skateboard und beteiligte sich auch an touristischen Unternehmungen wie einem Besuch im Londoner Tower und dem unheimlichen London Dungeon, einer gruseligen Ausstellung von Wachsfiguren. William liebte auch Kindertheater-Aufführungen; bei einem interaktiven Stück meldete er sich sogar freiwillig und wurde ausgewählt, um beim Aufblasen von Luftballons zu helfen. Neben dem Reitunterricht lernte er bei Privatlehrern Tennis, Schwimmen, Rugby und Klavierspielen.

Sein erklärter Lieblingssport wurde jedoch bald ›Wie hänge ich meine Leibwächter ab‹. William machte es einen Riesenspaß, seine Bodyguards auszutricksen, indem er sich hinter Büschen versteckte oder sich auf Balmoral auf sein Pony schwang und einfach davonritt. Nachdem er seinen Leibwächtern einmal zu oft entwischt war, wurde ihm befohlen, einen elektronischen Peilsender bei sich zu tragen, so daß er zu jeder Zeit lokalisiert werden konnte. Seinen exakten Aufenthaltsort zu ermitteln erwies sich jedoch als wenig hilfreich, als William und Harry sich eines Tages beim Spielen auf dem Anwesen ihres Onkels

Andrew in einem ›terroristensicheren Verlies‹ einschlossen. Die Jungen kamen nicht mehr heraus und riefen um Hilfe, Andrew mußte Scotland Yard anrufen, das einen Boten mit einem Spezialschlüssel schickte, der die Jungen befreite.

Trotz dieser Streiche und dem Umstand, daß er den teuren Spielzeugjaguar zu Schrott gefahren hatte, der ihm vor Jahren geschenkt worden war, erfreute William sich zunehmender Beliebtheit. Nur wenige bezeichneten ihn noch als starrsinnig und wild; inzwischen verwendete man weit häufiger die Adjektive *selbstsicher* und *unabhängig*. Diese Eigenschaften sollten ihm noch sehr zugute kommen, da das Familienleben seiner Eltern immer mehr zerbröckelte und mit jedem Tag neue Einzelheiten über seine Eltern an die Öffentlichkeit drangen.

# Kapitel 6

## Er sagte, sie sagte

In einem Zeitalter reißerischer Fernsehberichte und unzähliger Boulevardblätter ist es nicht ungewöhnlich, daß das Privatleben von Staatsoberhäuptern auf der ganzen Welt Schlagzeilen macht. Das ist nicht immer so gewesen – weder in den USA noch in England. Wie auch immer man dazu stehen mag, es gab Zeiten, da das Privatleben unserer Präsidenten, gewählten Vertreter, Monarchen und anderer Würdenträger aus den Klatschspalten herausgehalten wurde. So war es auch in den ersten zehn Jahren von Prinz Charles´ und Prinzessin Dianas Ehe. Während viele ihrer Geheimnisse, einschließlich ihrer ehelichen Probleme, Insidern bekannt waren, wurde der Presse hiervon nur wenig zugetragen. Natürlich wußte die Öffentlichkeit, daß das königliche Paar sich immer mehr auseinanderlebte, aber es war nichts berichtet worden, das ihrem Ruf wirklich geschadet hätte.

Das änderte sich Mitte 1991. Plötzlich

schien die schützende Hülle um die königliche Familie verschwunden zu sein, und sämtliche Medien stürzten sich in nie gekannter Form auf das Privatleben der Royals. Es kam zu einer wahren Flut mal positiver aber zumeist negativer Berichterstattung. Was hatte diesen Wandel bewirkt? Die meisten Beobachter der Königsfamilie verweisen auf einen Vorfall, in den Prinz William verwickelt war, wodurch er unschuldig zum Katalysator der veränderten Haltung der Medien gegenüber seinen Eltern wurde.

Bei dem oben angesprochenen Vorfall handelte es sich um eine Kopfverletzung, die William sich am Montag, den 3. Juni 1991 bei einem Unfall auf Ludgrove zuzog. Wills und ein paar Freunde alberten auf dem schuleigenen Golfplatz herum. Einer der Jungen schwenkte abwesend einen Golfschläger wie einen Baseballschläger – und traf William dabei ungewollt am Kopf. William, der kurz vor seinem neunten Geburtstag stand, ging zu Boden. Blut sickerte aus einer Platzwunde an seiner Stirn. Natürlich waren seine Leibwächter in der Nähe und brachten ihn in einem Polizeiwagen zum nahegelegenen Royal Berkshire Hospital.

Williams Eltern wurden sofort verständigt, und beide machten sich augenblicklich auf den Weg zum Krankenhaus; Prinzessin Diana vom Kensington Palast und Prinz Charles von

Highgrove aus. Sie erreichten die Klinik gerade, als Wills zur Tomografie gebracht wurde, und beide blieben an seiner Seite und versicherten ihm, daß er bald wieder völlig gesund sein würde. Bei der Tomografie wurde eine Verletzung des Schädelknochens an der linken Stirnseite festgestellt, und die Ärzte hielten eine Operation für notwendig.

Obgleich ein operativer Eingriff notwendig war, war Prinz William zu keinem Zeitpunkt ernsthaft in Gefahr, und er war auch zu keiner Zeit bewußtlos. Vielmehr heißt es, er wäre auf der Fahrt zum Great Ormond Street Hospital in London, wo der Eingriff vorgenommen werden sollte, ›tapfer, redselig und guter Dinge‹ gewesen. Diana begleitete ihren Sohn im Krankenwagen; Charles fuhr in seinem Wagen hinterher.

Die Operation, bei der die Delle im Knochen behoben und eventuelle Splitter entfernt werden sollten, dauerte siebzig Minuten und verlief ohne Komplikationen. William blieb nach der Operation noch zwei Nächte im Krankenhaus. Seine Mutter war die ganze Zeit über bei ihm und nahm ihn am dritten Tag mit nach Hause. Charles seinerseits legte keine solche Fürsorglichkeit für seinen Erstgeborenen an den Tag. Berichten zufolge verließ Charles das Krankenhaus noch vor Beginn von Williams Operation, um in die Oper zu gehen. Dort teilte er seinen Begleitern mit,

Williams Zustand wäre ›nicht allzuschlecht‹. Nach der Vorstellung brach Prinz Charles zu einer Umweltschutzkonferenz auf, die am nächsten Tag im Norden des Landes stattfinden sollte. Obwohl Charles telefonisch mit Wills in Kontakt blieb und ihn am folgenden Abend besuchte, wurde er in der Presse wegen seiner mangelnden Fürsorglichkeit stark angegriffen.

Schon vorher hatten viele Reporter moniert, daß Charles nur selten für seine Kinder da wäre, aber keiner hatte dem Prinz of Wales allzu große Vorwürfe gemacht, da dieser gewöhnlich königliche Pflichten und Traditionen angeführt hatte, die Vorrang vor elterlicher Zuwendung hätten. Charles´ Sorglosigkeit nach Williams Unfall sollte dies jedoch schlagartig ändern: Auch die verständnisvollsten Berichte konnten kaum dazu beitragen, Charles´ Image als abwesender – schlimmer noch – liebloser Vater wiedergutzumachen. *WAS BIST DU FÜR EIN VATER?* kritisierte die Schlagzeile einer Zeitung. Der Artikel setzte sich im gleichen anklagenden Ton fort: »Was für ein Vater, dessen achtjährigem Jungen beinahe mit einem Golfschläger der Schädel eingeschlagen wurde, verläßt das Krankenhaus noch vor der erforderlichen Operation, um in die Oper zu gehen?«

Nach diesem Vorfall setzte eine Flut von Anti-Charles-Artikeln ein. Williams Vater wurde in einem Artikel nach dem anderen vorgeworfen, er interessiere sich mehr für Umweltschutz, Architektur und Polo als dafür, Zeit mit seinen Kindern zu verbringen. Ein Kolumnist schrieb: »Charles fängt an, seine Kinder zu behandeln wie gutgenährte Haustiere, die ihren Platz in der Welt ihres vielbeschäftigten Vaters kennen. Es muß schwer sein für William und Harry, ihren Vater öfter im Fernsehen zu sehen als in Fleisch und Blut.«

Vermutlich schmerzte William jedoch die öffentliche Anprangerung seiner Familie noch viel mehr. Denn mit neun Jahren konnte man ihn nicht mehr völlig abschirmen vor dem, was über seine Eltern geschrieben und gemunkelt wurde. Obgleich in Ludgrove weder Fernsehen noch Zeitungen erlaubt waren, fand der Klatsch immer einen Weg. Schlimmer noch, Charles und Diana schienen aktiv an der Schlammschlacht mitzuwirken. Nicht nur, daß beide Elternteile persönliche Interviews gaben, sie gestatteten auch verschiedenen ›engen Freunden‹ und/oder ›Palastinsidern‹, öffentlich ihre Meinung kundzutun, womit sie die Medien als Waffe benutzten, um einander zu schaden und die öffentliche Meinung zu beeinflussen.

Jede ›Seite‹ hatte ihre Fürsprecher, die nur zu gern ihre Storys in der Presse plazierten, um zu versuchen, den einen oder anderen Elternteil jeweils gut oder schlecht aussehen zu lassen. Und jedesmal, wenn die eine Seite eine Behauptung aufstellte, stellte die Gegenseite eine Gegenbehauptung auf. Das Ganze war wie ein bizarres, kindisches und trauriges Spiel. Es war häßlich und abstoßend. Und nichts davon konnte auf Dauer vor William und Harry geheim gehalten werden, die eine peinliche Enthüllung nach der anderen einstecken mußten – wobei die meisten hiervon von ihren Eltern selbst stammten. Sicher können viele Scheidungskinder ein Lied singen von Gemeinheiten zwischen ihren Eltern, aber man kann sich nur schwer vorstellen, wie es sein muß, wenn die ganze Schmutzwäsche weltweit Schlagzeilen macht. Und mit eben dieser Situation mußte Wills fertig werden.

Die Anti-Charles-Fraktion behauptete nicht nur, er sei ein verantwortungsloser und liebloser Vater, sondern daß der Prinz of Wales darüber hinaus ein liebloser und verantwortungsloser Ehemann sei, der die Gesellschaft anderer Frauen – vor allem die seiner alten Freundin Camilla Parker-Bowles – der seiner Ehefrau vorziehe. Die Anti-Di-Vertreter konterten mit Gegenvorwürfen: »Wenn seine Frau nur einige seiner Interessen teilen und sich größere Mühe geben würde, ihre Ehe zu retten, würde der Prinz nicht so viel Zeit außer Hause verbringen.«

Charles´ Freunde warfen Diana vor, nicht mehr Mitgefühl an den Tag zu legen, als ihr

Mann sich bei einem Polounfall einen komplizierten Armbruch zuzog; Dis Fürsprecher konterten, daß Charles noch viel weniger Mitgefühl und Verständnis in bezug auf die viel ernster zu nehmenden Eßstörungen seiner Frau gezeigt habe.

Dis Anhänger beschuldigten Charles, immer desinteressierter, mürrischer und gleichgültiger zu werden; Charles´ Anhänger konterten, Diana wäre ›träge, hirnlos und hohlköpfig‹. Sie sagte, er und seine Freunde seien ›entsetzliche Langweiler‹; er sagte, sie und ihre Freundinnen wären extravagante Verschwenderinnen und krankhafte Partygängerinnen.

Schwer zu glauben, daß sich dieser lächerliche Machtkampf Jahre fortsetzte. Charles wurde kritisiert, weil er Dianas dreißigsten Geburtstag ignorierte, der mit ihrem zehnten Hochzeitstag zusammenfiel; er entgegnete, er habe eine Party für sie arrangieren wollen, aber sie hätte dies abgelehnt. Seine Seite skandierte darüber hinaus, daß Diana seine Bemühungen untergrabe, seine Kinder zu sehen, und diese immer mehr von ihm fernhielte. Hierauf konterten Dianas Freunde, daß es Charles, wenn er mit den Kindern zusammen war, sogar widerstrebe, seine eigenen Söhne zu umarmen oder auch nur anzufassen.

Diana ihrerseits wurde immer noch weitgehend als sich aufopfernde alleinerziehende Mutter des künftigen Königs dargestellt. In den Augen der Öffentlichkeit galt sie als der stabilere Elternteil und die bessere Hälfte der künftigen Monarchie. Charles Fraktion entgegnete, daß er es leid sei, daß Diana in der Öffentlichkeit als Heilige präsentiert würde und er als der Sünder; sie verstünde sich einfach besser darauf, die Medien zu manipulieren, während er selbst sich eher zurückhielte.

Queen Elizabeth persönlich versuchte, den Streit zu schlichten, indem sie beide Seiten zu einer Unterredung in den Buckingham Palace bestellte. Im großen und ganzen sagte sie: »Es ist in Ordnung, wenn man getrennt leben will, aber man muß diskret sein und darf niemals seine Verpflichtungen gegenüber dem Thron vergessen.« Der Palast versuchte, gewaltsam alles ins Lot zu bringen, aber der Schuß ging nach hinten los, als der Prinz und die Prinzessin zwei Staatsbesuche gemeinsam unternahmen. In Kanada und Südkorea zeigten sie einander in aller Öffentlichkeit die kalte Schulter. Die katastrophalen gemeinsamen Besuche wurden auf der ganzen Welt dokumentiert.

Obwohl Prinz William sich bislang nicht öffentlich dazu geäußert hat, wie er sich damals angesichts dieser Schlammschlacht gefühlt hat, ist eine Anekdote doch sehr verräterisch. Als er einen besonders gehässigen Anti-Di-Artikel las, brach William in Tränen aus und jammerte »Wie können sie das meiner Mami antun? Warum kann Papi sie nicht beschützen?« Es fällt nicht schwer, Williams Dilemma zu verstehen – seine Mutter sagte etwas und klagte damit seinen Vater an; sein Vater widersprach und machte seiner Mutter Vorwürfe. Beide wurden öffentlich gedemütigt. Und doch liebte William sie alle beide. Aber kein Geld der Welt, keine Privilegien und auch nicht die Aussicht künftiger Macht konnten William vor Schmerz und Demütigung schützen.

Die Schlacht in den Medien setzte sich fort und führte unausweichlich zu Spekulationen über die Zukunft von Prinz Charles´ und Prinzessin Dianas Ehe. 1992 wurde eine Quelle aus dem Palast wie folgt zitiert: »Ich glaube, die Ehe ist nicht mehr zu retten. Ich glaube nicht einmal, daß sie einander hassen. Es ist viel schlimmer ... sie sind einander gleichgültig geworden.« Die offizielle Debatte darüber, ob sie sich trennen würden/sollten oder nicht, hatte begonnen, und nachdem sie erst in Gang gekommen war, ließ sie sich nicht mehr stoppen.

Wären Charles und Diana irgendein anderes Paar gewesen, hätte ihre Ehe nicht die britische Thronfolge betroffen, hätten sie sich zweifellos viel früher scheiden lassen. Aber bei ihnen hatte eine Trennung eine völlig andere Tragweite, betraf die Zukunft einer jahrhundertealten und tiefverehrten Tradition – der Monarchie.

Dennoch trennten sie sich offiziell – viele meinten auch endlich! – im Dezember 1992. Die Neuigkeit wurde bewußt kurz vor Williams und Harrys Weihnachtsferien bekanntgegeben. Man hoffte, daß das schlimmste Medienspektakel vorüber sein würde, bevor die jungen Prinzen aus der Schule kamen, wo sie ein wenig geschützter waren. Kurz vor der öffentlichen Bekanntgabe fuhr Diana persönlich nach Ludgrove, um ihre Söhne von der bevorstehenden Trennung zu unterrichten. Die Jungen wurden in das Büro des Direktor geholt, damit sie und ihre Mom unter sich sein konnten, während sie ihnen erklärte, was geschehen würde – die Bekanntgabe und die Umstellungen in ihrem Leben. Von einer Seite hieß es, Prinz William wäre bei der Neuigkeit in Tränen ausgebrochen. Von anderer Seite wurde behauptet, er habe seine Tränen getrocknet und stoisch erklärt: »Ich hoffe, ihr werdet jetzt beide glücklicher sein.«

Der britische Premierminister John Major gab die Nachricht offiziell im Unterhaus bekannt. In einer diplomatisch formulierten Erklärung hieß es, Prinz Charles und Prinzessin Diana wären freundschaftlich übereingekommen, sich zu trennen, die Familie würde auch weiterhin von Zeit zu Zeit bei familiären Anlässen und nationalen Ereignissen gemeinsam in der Öffentlichkeit auftreten. Auch wurde dem Volk versichert, daß die Thronfolge hiervon unberührt bliebe ... (sofern Charles nicht abdankte) gab es keinen Grund, weshalb die Prinzessin von Wales nicht zu gegebener Zeit zur Königin gekrönt werden sollte.

Die Reaktionen auf diesen Teil der Erklärung fielen anders aus als vom Palast erwartet. Anstatt die Öffentlichkeit zu besänftigen, kam es zu Protesten: Trotz Dianas Beliebtheit, wünschte die große Mehrheit des Volkes nicht mehr, daß sie Königin wurde: Achtzig Prozent von fünfhundert Befragten sprachen sich gegen eine Königin Diana aus. Tatsächlich gab es in Folge der Erklärung eine Reihe von Fernsehumfragen.

Obwohl die Menschen dagegen waren, daß Diana trotz der Trennung von ihrem Mann Königin wurde, gaben doppelt so viele der Befragten Charles die Schuld am Scheitern ihrer Ehe.

Während siebenundfünfzig Prozent mit Diana sympathisierten, sprachen sich nur zwölf Prozent für den Prince of Wales aus.

Es dauerte nicht lange, und auch Prinz Charles´ Thronbesteigung wurde in Frage gestellt. Zum einen unterminierte die offizielle Trennung bereits Charles´ Position als Thronfolger. Zum anderen hieß es damals, daß seine Chancen noch schlechter stehen würden, falls es zur Scheidung käme. Als König würde er automatisch zum Oberhaupt der anglikanischen Kirche aufsteigen, einer Kirche, die Ehescheidungen mißbilligt.

Aber viele waren auch der Meinung, daß, egal was passierte, Charles nach all den Jahren negativer Presse ohnehin nicht mehr als König in Frage käme. Aber wenn nicht Charles, wer dann? Die Augen aller richteten sich auf William – und der war damals erst zehn! Tatsächlich wurde schon 1992 darüber spekuliert, daß Wills anstelle seines Vaters den Thron besteigen solle. Der Politiker John Bowis sagte: »Wenn es nicht möglich ist, einen glücklichen Monarchen mit Familie zu haben, sollten wir vielleicht eine Generation überspringen und auf William warten.« Manche gingen sogar noch weiter und meinten, Prinz Charles solle in Betracht ziehen, aus freien Stücken auf seine Ansprüche auf den Thron zu verzichten.

Welch ein Druck lastete auf Williams jungen Schultern! Ganz zweifellos hatte die Trennung seiner Eltern den Prinzen bereits sehr belastet. Man betrachtete ihn nicht nur als künftigen Herrscher, sondern bezeichnete ihn in machen Kreisen sogar als den Retter der jahrhundertealten Monarchie. »Charakter und Geschick von Prinz William werden im einundzwanzigsten Jahrhundert das Schicksal der Monarchie bestimmen«, verkündete ein angesehener Royals-Experte.

Königin Elizabeth bezeichnete das Jahr 1992 als eins der schlimmsten Jahre in ihrem Leben, und auch für ihren Enkel, Prinz William, wird es eine schwierige Zeit gewesen sein. Denn von dem Familienstreit abgesehen, mußte der künftige König in diesem Jahr als Pfand herhalten – er war die beste und einzige Waffe seiner Mutter im Kampf gegen die Windsors, die sich natürlich in allem hinter Charles stellten. Aber solange Diana und ihr Sohn einander so nahestanden, konnte die Herrscherfamilie sie nicht zu hart anfassen. Hinzu kam, daß William im März jenes Jahres noch mit dem Tod seines Großvaters, des Earl of Spencer, fertig werden mußte.

William hoffte, daß das nächste Jahr ein glücklicheres sein würde, und in vieler Hinsicht war es das auch – in mancher Hinsicht kehrte sein Leben zur Normalität zurück. Tatsächlich schien es nach außen hin, als hätten Wills und Harry die Trennung ihrer Eltern akzeptiert. Inzwischen waren beide auf Ludgrove und fühlten sich im Internat offenbar wohl. Auf akademischer Ebene verbesserten sich Williams Leistungen, und die meiste Zeit rangierte er im obersten Drittel seiner Klasse.

Was die Trennungsvereinbarung ihrer Eltern betraf, wurde von William und Harry nun von Gesetzes wegen verlangt, daß sie gleich viel Zeit mit beiden Elternteilen verbrachten. Gleich viel – aber nicht gleicher Art.

Wie schon vor der offiziellen Trennung beinhalteten Williams und Harrys Tage bei Prinzessin Diana immer Spaß. Sie ging mit ihnen in die riesigen Videospielehallen im Londoner Piccadilly Circus, einem der belebtesten Londoner Stadtviertel; sie fuhr mit ihnen Go-cart und Wildwasserbahn und nahm sie mit in ihr Lieblingsrestaurant, das San Lorenzo. Wills verfolgte vor Ort Englands berühmtestes Tennisturnier in Wimbledon, und Gewinnerin Steffi Graf erbot sich sogar, ihm Unterricht zu geben. Ihre Ferien mit ihrer Mutter verbrachten sie an Stränden in der Karibik (wohin sie mit einer kommerziellen Airline flogen), auf Skipisten in Österreich und an den Niagara-Fällen in Ontario.

Ironischerweise verbrachte William nach der Trennung seiner Eltern mehr Zeit mit seinem Vater als vorher; die Besuche waren Pflicht geworden. Nicht, daß Wills oder Harry etwas dagegen zu haben schienen, mit Prinz Charles zusammen zu sein. Trotz allem, was über die auseinandergebrochene Familie berichtet wurde, deutet nichts darauf hin, daß William jemals aufgehört hätte, seinen Vater zu lieben und zu respektieren. Die Besuche bei Prinz Charles erfolgten meist in Highgrove oder Balmoral. Dort ritten beide Jungen auf ihren Ponys über die königlichen Ländereien und übten sich im Schießen und Angeln. Ein solcher Angelausflug mit Dad wurde auch für eine Fernsehdokumentation zu Ehren von Charles´ fünfundzwanzigsten Jahr als Prinz von Wales festgehalten.

Es kam sogar vor, daß Williams Eltern Zeit miteinander verbrachten – wenn auch nur ihm zuliebe. Als William als historischer Feldherr Napoleon Bonaparte in einer Schulaufführung mitwirkte, saßen seine Eltern beide im Publikum – es war das erstemal seit ihrer offiziellen Trennung, daß sie sich zusammen in der Öffentlichkeit zeigten. Sobald das Stück beendet war, brach Charles nach Highgrove auf, wo er weiterhin seine Wochenenden verbrachte. Diana nahm die Jungen mit zu ihrem Hauptwohnsitz, dem Kensington Palace.

Charles und Diana organisierten zu Williams elftem Geburtstag gemeinsam eine Party unter dem Motto ›Wilder Westen‹. Alle Gäste verkleideten sich als Cowboys, einschließlich Williams Eltern. Hinterher kamen beide überein, ihm im Sommer einige Urlaubswochen mit einem Freund auf einer Ranch in Montana in den USA zu erlauben, weit fort von den neugierigen Blicken der britischen Medien. Dort lernte William zu reiten wie ein Cowboy, mit dem Lasso umzugehen und sogar Squaredance zu tanzen. Er hinterließ einen sehr guten Eindruck bei seinen Gastgebern in den USA, die Prinz Williams Reitkünste und erst recht seine Manieren und seine Freundlichkeit als ›beeindruckend‹ bezeichneten.

Es war nur natürlich, daß William mit der Zeit noch mißtrauischer geworden war, was die Motive anderer Leute betraf, sich mit ihm anzufreunden. Schon mit elf Jahren bat er seine Freunde, alle Nachrichten oder Briefe, die er ihnen geschrieben hatte, zu verstecken. »William ist sehr reif für sein Alter«, meinten die Eltern eines seiner Schulkameraden.

Aber es gab noch mehr, was sich drastisch verändert hatte seit der offiziellen Trennung seiner Eltern. 1993 nahm Prinz William zum allerersten Mal nicht zusammen mit seiner Großmutter, der Königin, am Ostergottesdienst im Buckingham Palast teil. Statt dessen verbrachte Diana den Tag mit den Jungen bei einem Grand-Prix-Rennen in Europa. Zum erstenmal waren auf den Weihnachtskarten der Familie (1992) nicht alle vier Familienmitglieder porträtiert, sondern nur William – auf einem thronähnlichen Stuhl sitzend – und Harry. Und zum erstenmal verbrachte William den Weihnachtstag nicht mit seiner Mutter, die beschlossen hatte, das Fest bei ihrer Familie, den Althorp-Spencers zu verbringen, während Wills und Harry an der traditionellen Familienfeier auf dem zwanzigtausendfünfhundert Morgen großen königlichen Anwesen Sandringham teilnahmen.

William nahm immer mehr königliche Pflichten wahr, darunter auch bei staatlichen Anlässen wie dem fünfzigsten Jubiläum des V-

J-Day. William wurde gelobt für seinen professionellen Umgang mit der Situation. »Er ist sehr diszipliniert«, lautete das Urteil über seinen Auftritt. Diana hatte immer noch zahlreiche offizielle Verpflichtungen in ihrem Terminkalender stehen, und nach der Trennung nahm William oft den Platz seines Vaters an Dianas Seite ein. Bei ihrer Weihnachtsfeier für das Personal des Kensington Palastes war er es, der aufstand und die traditionelle Dankesrede hielt.

Auch in bezug auf die Presse zeigte er sich inzwischen schlauer. Bei einem Skiurlaub mit seiner Mutter und seinem Bruder weigerte sich William, für die Fotografen zu posieren, die Diana tags zuvor verärgert hatten.

Und interessanterweise gelang es William sogar, zum Mittelpunkt seiner ganz eigenen Kontroverse zu werden. Im Mai 1993 ging er auf die Jagd, was an sich nichts Ungewöhnliches für ihn war, aber diesmal erweckte es den Zorn von Tierschützern, die skandierten: »Wenn sein Vater von ihm verlangt, in freier Natur Tiere zu schießen, sollte er ihm eine gute Kamera schenken.« An dieser Stelle sollte darauf hingewiesen werden, daß Jagen und Schießen von manchen Leuten, darunter dem englischen Landadel, als etwas völlig Normales und in keinster Weise Unmoralisches betrachtet wird. Wie ihr Vater und Hunderte ihrer Ahnen sind auch Wills und Harry in dieser

Tradition erzogen worden. Die Jagdkontroverse sollte sich jedoch noch Jahre fortsetzen. William war sich der Problematik – und ihrer Konsequenzen für jene, die er liebte – sehr wohl bewußt. 1994 bot man Prinzessin Diana den Vorsitz einer Organisation namens Royal Society for the Prevention of Cruelty to Animals an. »Du kannst nicht annehmen«, riet William ihr ab. »Jedesmal, wenn ich auf der Jagd ein Tier erlege, wird man dich dafür verantwortlich machen.«

# Kapitel 7

## Auf nach Eton

Die Jahre nach der offiziellen Trennung von Prinz Charles und Prinzessin Diana waren verhältnismäßig friedlich – zumindest, was Wills betraf. Während der ›Krieg der Windsors‹, wie es in den Medien hieß, sich fortsetzte, stellte sich für ihn und Harry eine vertraute Routine ein. Beide paßten sich gut an das Leben in Ludgrove und ihre abwechselnden Aufenthalte bei beiden Elternteilen an. Von einigen wenigen Ausnahmen abgesehen, verbrachten sie weiter die meisten Ferien auf die traditionelle Art.

Die königliche Familie hat Weihnachten immer auf Sandringham gefeiert, und mit oder ohne Diana – seit der Trennung nahm sie an manchen Jahren an der Familienfeier teil und an manchen nicht – verbrachten sie die Feiertage auch weiterhin dort. Das geheiligte Familienfest wird jedes Jahr auf exakt die gleiche Art und Weise begangen: mit einem förmlichen Essen, einem Gottesdienst und einer anschließenden Fasanenjagd. An der Feier nahmen Wills Großeltern teil, Königin Elizabeth und Prinz Philip; seine Urgroßmutter, Queen Mum, eine ganze Riege von Tanten, Onkeln und Vettern – darunter auch Peter und Zara Philips und die kleinen Prinzessinnen Beatrice und Eugenie (die Töchter von Prinz Andrew und Sarah Ferguson, die inzwischen geschieden waren) – und selbstverständlich sein Vater, Prinz Charles, sowie verschiedene ausgesuchte Gäste.

Es gibt einen riesigen Christbaum, unter den die Geschenke gelegt werden, die einer Familientraditon folgend am Heiligabend geöffnet werden und nicht erst am Morgen des ersten Weihnachtstages. Die Präsente sind jedoch nicht so extravagant wie jene, die der Familie oft von Seiten Dritter gemacht werden. Vielmehr ist es bei den Windsors Tradition, Geschenke zu machen, die ›preiswert und nett, im Idealfall auch witzig‹ sind. In den vergangenen Jahren zählten hierzu ein musikalischer Toilettenpapierhalter und eine Duschhaube mit Leopardenmuster.

Das Weihnachtsessen der Familie ist eine sehr förmliche Angelegenheit. Jeder muß sich in Schale werfen.

Wills, Harry und ihre jüngeren Cousins und Cousinen nehmen jedoch nicht daran teil. Sie haben ihr eigenes Kinderessen – den sogenannten ›Kinderzimmer-Tee‹ – in einem anderen Flügel des Hauses.

Anschließend nehmen Windsors jeden Alters gemeinsam am Gottesdienst in der St. Mary Magdalene Church teil. Es handelt sich hierbei um ein öffentliches Ereignis, da die Familie oft zu Fuß zur Kirche geht und auf dem Weg von Tausenden von Untertanen begleitet wird. Nach der Messe versammelt die Familie sich vor dem Fernseher, um sich Königin Elizabeths alljährliche Weihnachtsansprache anzusehen, bei der sie das Wort an die ganze Nation richtet – eine von unzähligen königlichen Verpflichtungen, die William eines Tages wird übernehmen müssen.

Aber eine dringendere Angelegenheit Frage betraf wieder einmal den weiteren Verlauf von Wills schulischem Werdegang. Trotz Charles´ und Dianas gräßlicher öffentlich ausgetragener Auseinandersetzungen, trafen sie die Entscheidung bezüglich des nächsten Schrittes ihres Sohnes auf der Erziehungsleiter gemeinsam. Die Wahl fiel diesmal allerdings nicht sehr schwer. Indem sie ihn in Ludgrove eingeschult hatten, hatten sie schon vor Jahren praktisch entschieden, ihn später in Eton zu immatrikulieren.

Das Eton College, wie es richtig heißt, ist das Äquivalent der amerikanischen High

School. Es liegt ganz in der Nähe von Windsor Castle und ist eine von Englands exklusivsten und teuersten ›öffentlichen‹ Schulen (wobei öffentlich in diesem Fall privat bedeutet) sowie auch eine der ältesten des Landes, da sie bereits im Jahre 1440 gegründet wurde.

Eton konnte zahlreiche berühmte und mit Wills verwandte Absolventen vorweisen. Dianas Vater und Bruder hatten diese Schule ebenso besucht wie Camilla Parker-Bowles Sohn Tom, George Orwell, der Autor von ›1984‹, Dichter Percy Bysshe Shelley, ›James Bond‹-Autor Ian Fleming und erstaunliche zwanzig mehr, die Premierminister wurden.

Ein zukünftiger König hatte der Schule jedoch noch nie die Ehre erwiesen. Und trotz seiner Abstammung stand noch keineswegs fest, daß Eton Wills überhaupt aufnehmen würde. Wie jeder andere Bewerber mußte er sich der sehr schweren Aufnahmeprüfung stellen. Trotz seiner wenig vielversprechenden schulischen Anfänge – damals war er noch als durchschnittlicher Schüler eingestuft worden – schnitt Wills in jeder der zwölf anspruchsvollen Prüfungen als einer der sieben besten der fünfzehn Jungen in seiner Klasse ab. Im Juni 1995 verkündeten seine Eltern stolz, daß Wills im kommenden September seine fünfjährige Schulzeit in Eton antreten würde. Als einige Stimmen höhnten, William wäre so oder so aufgenommen worden, widersprachen andere und meinten, die intellektuellen Ansprüche der Schule seien sehr hoch und man hätte den Prinzen sicher nicht dorthin geschickt, wenn man nicht der Überzeugung gewesen wäre, er sei den Anforderungen gewachsen.

Aber auch von den schulischen Anforderungen abgesehen konnte man davon ausgehen, daß Wills sich gut in der reinen Jungenschule Eton einleben würde. Und natürlich würden ihn auch hier die üblichen unübersehbaren Unterschiede von den anderen abheben. Doch diese Unterschiede betrafen nicht den finanziellen Hintergrund. Er würde nicht der einzige Junge aus reichem Hause sein – bei weitem nicht. Seine Klassenkameraden, von denen einige schon mit ihm in Ludgrove gewesen waren, waren mindestens ebenso wohlhabend wie er, teilweise sogar noch wohlhabender.

Unter den Schülern waren die Kinder ausländischer Staatsoberhäupter und Sprößlinge griechischer Schiffsmagnaten. »Die Schüler hier fürchten sich nicht vor bedeutenden Persönlichkeiten, und sie lehnen auch reiche und versnobte Kinder nicht ab – immerhin sind sie das selbst«, versicherte ein Eton-Absolvent. Ein Reporter, der schon lange über die Königsfamilie berichtete, schrieb gar: »William sieht jetzt schon aus wie ein Etoner. Die Jungen sind geschliffen; sie sind wie Engel, wissen

Sie, und sie schweben förmlich durch die Welt.«

Andere stimmen zu, daß Eton in dieser Phase vom Williams Entwicklung der beste Ort sei. Wie ein Experte für englische Privatschulen sagte: »Eton ist außerordentlich gut geeignet für einen Jungen wie ihn – einen Jungen mit einer Zukunft im Lichte der Öffentlichkeit. Er muß sich innerhalb der Schule einen Namen machen. Mit seinem Geld kann er innerhalb der Schule nichts anfangen. Es gibt keine persönliche Ausdrucksmöglichkeit mittels Kleidung, und eigene Wagen sind nicht erlaubt. Reichtum und Status außerhalb der Schule sind unwichtig. Er ist in dieser Schule nicht einmal der einzige mit einem persönlichen Leibwächter! William führt in Eton ein Leben, das so normal ist wie das Leben eines Jungen in seiner Position nur sein kann.«

Natürlich gibt es innerhalb der Schule verschiedene Cliquen. In der Abschlußklasse gibt es die Pops, eine selbsternannte Elitegruppe von akademischen und sportlichen Koryphäen. Die wirklichen Genies bezeichnen sich als Tugs.

Wie die anderen zweihundertvierzig Neuzugänge wurde auch William jenem Schulblock zugewiesen, der den Neulingen vorbehalten ist: Manor House. Sein Zimmer dort unterschied sich nicht wesentlich von den anderen. Es befand sich über der Küche, war klein, nur drei mal zwei Meter groß, und nur spärlich möbliert. An den Wänden waren keine Poster erlaubt. Ein Doppelbett, ein Nachttisch und ein Fenster – das war alles. Aber anders als die Zimmer der meisten anderen Neuzugänge verfügte Prinz William über ein eigenes, wenn auch sehr einfaches Bad, und es wurde auch auf das obligatorische Namensschild an seiner Zimmertür verzichtet. Offiziell wird William jedoch in der Schülerliste Etons als William of Wales geführt, H.R.H. (His Royal Highness – Seine Königliche Hoheit), Prinz. Vor seiner Tür ist einer seiner allgegenwärtigen Leibwächter postiert.

Prinz William muß sich denselben Regeln beugen wie alle anderen Jungen – und es gibt für alles Vorschriften. Kommt einer der Jungen zu spät zum Unterricht, muß er am nächsten Morgen früher aufstehen und sich in ein Verspätungsregister eintragen. Wills trägt die gleiche Uniform wie die anderen Jungen – schwarzer Frack, weißes Button-down-Hemd und schwarze Weste sind seit hundert Jahren Standardkluft in Eton –, und darüber hinaus noch ein kleines Accessoire: seinen elektronischen Peilsender. Aber sofern William nicht grob gegen die Vorschriften verstößt, sollten seine Leibwächter den Sender nicht brauchen, um zu wissen, wo er sich aufhält. Wie alle anderen Etonianer muß er sich an einen sehr strengen Zeitplan halten. Der junge Prinz steht um sieben Uhr auf, frühstückt eine Stunde später zusammen mit seinen Schulkameraden und nimmt um acht Uhr dreißig in der Kapelle an einem Gottesdienst teil. Der Unterricht beginnt um neun Uhr, und um Punkt elf Uhr zwanzig ist eine ›Kekspause‹. Anschließend setzt sich der Unterricht fort bis dreizehn Uhr fünfundzwanzig – dann gibt es Mittagessen (das immer aus Fleisch, zwei verschiedenen Gemüsesorten und dem traditionellen Pudding besteht).

Nach dem Essen steht Sport auf dem Stundenplan. Die Teilnahme ist Pflicht, da man in Eton Sport als unverzichtbaren Bestandteil des erzieherischen Prozesses betrachtet. In Eton werden zahlreiche Sportarten praktiziert, und die Jungen bekommen für jede Disziplin einen andersfarbigen Pullover gestellt. Im Sommer praktizieren die Etonianer entweder ›Naßsport‹ – Rudern auf der nahegelegenen Themse – oder ›Trockensport‹, d. h. , sie spielen Krickett. Dann ist da noch eine Sportart, die es nur in Eton gibt – Wall Game. Hierbei ist es fast unmöglich zu punkten, weil sämtliche Mitspieler sich vor der Mauer aufstellen müssen, die es zu treffen gilt. ›Das letzte Tor beim Wall Game wurde 1909 erzielt‹, berichtet das *Time* -Magazin.

Obgleich er keiner offiziellen Schulmannschaft angehört, spielt Prinz William Fußball und Wasserpolo und rudert. Nach der langen Sportunterbrechung wird der akademische Unterricht von sechzehn Uhr bis zum Abendessen fortgesetzt.

In Eton wird William in den Fächern Englisch, Chemie, Physik, Biologie, Geschichte und Mathematik unterrichtet und lernt darüber hinaus drei Fremdsprachen: Französisch, Griechisch und Latein. Wenn er wollte, könnte er auch so ausgefallene Wahlfächer belegen wie Kochen oder Suaheli. Will ist weder ein Dummkopf noch ein Streber, sondern rangiert im akademischen Mittelfeld.

»Um in Eton als cool zu gelten«, erklärt ein ehemaliger Absolvent, »sind Noten und gesellschaftlicher Status unwichtig. Was zählt, sind eine interessante Persönlichkeit oder besondere Leistungen auf sportlicher Ebene.« Da Wills ein herausragender Fußballspieler ist, gilt er entschieden als cool.

Natürlich betrachtet man ihn darüber hinaus als »anders«. Abgesehen von dem allgegenwärtigen Leibwächter, den Doppeldecker-Touristenbussen, die das Tempo verlangsamen, wenn sie an der Schule vorbeifahren, und den T-Shirts mit der Aufschrift *WHERE THERE'S A WILL* (Wo ein Wille ist), die im Ort verkauft werden, gibt es noch mehr, was ihn zu etwas Besonderem macht.

Seinetwegen werden an der Schule Zeitungen und Zeitschriften zensiert – verletzende

Artikel über seine Eltern werden sorgfältig ausgeschnitten.

Darüber hinaus wurden Schüler und Angestellte gewarnt, daß jeder, der sich der Presse gegenüber zu William äußert – ganz egal, ob es sich um eine positive, eine negative oder eine völlig unwichtige Anekdote handelt – sofort an die Luft gesetzt wird. Sogar Wills Kleider werden unter Verschluß gehalten, für den Fall, daß irgend jemand auf die Idee käme, persönliche Gegenstände des Prinzen zu entwenden, aus Spaß oder Profitgier.

Williams Familie hat ein umfangreiches Bulletin an die neugierige Presse herausgegeben und gebeten, nicht über den Prinzen zu berichten. Die Leitung der Kommission für Pressebeschwerden hat dem zugestimmt und ein Memo an alle Reporter gerichtet: ›Wir müssen es dem Prinzen ermöglichen, seine Schulzeit zu genießen, ohne ständige Furcht vor neugierigen Kameras. Prinz William ist weder eine Institution noch ein Seifenopern- oder Fußballstar. Er ist ein Kind, und ihm muß ebenso wie uns allen das Recht zugestanden werden, seine eigenen Fehler zu machen und aus ihnen zu lernen – ohne ständig von seinen Erfolgen und Mißerfolgen in den Klatschspalten der Zeitungen zu lesen. Ihm muß gestattet werden, aufzuwachsen, ohne unter ständiger Beobachtung seitens der Presse zu stehen.‹

Hiermit wurde den Journalisten des Landes offiziell untersagt, Wills in der Schule zu interviewen oder zu fotografieren – oder andere Schüler ohne Erlaubnis ihrer Eltern oder der Schulbehörden zu ihm zu befragen.

Das Verbot stimmte die Medien nicht eben froh – oder verständnisvoll. Ein Zeitungsherausgeber erklärte: »Unsere Leser teilen die Faszination des gesamten Landes für die Entwicklung eines jungen Mannes, der eines Tages unser König sein wird. Ich bin sicher, daß wir und andere Zeitungen in

der Lage sein werden, auf verantwortungsvolle Weise über gewisse Aspekte dieser Entwicklung zu berichten.«

Ein anderer Journalist fügte hinzu: »William ist kein gewöhnliches Kind und kann auch nicht erwarten, daß die Zeitungen keinerlei Interesse an seinen Teenagerjahren zeigen.« Ein weiterer Pressevertreter ließ durchblicken, daß Boulevardblätter Williams Schulkameraden beträchtliche Geldsummen böten, damit sie als ›Korrespondenten‹ in Eton fungierten, nach dem Motto, erzählt uns von Wills, riskiert, von der Schule zu fliegen, aber macht viel Geld dabei.

Bislang hat nur eine Handvoll von Jungen aus Eton ihren berühmtesten Mitschüler verraten. So heißt es beispielsweise, William würde nach jeder Indiskretion seitens seiner Eltern geneckt und gnadenlos verspottet.

Aber eins hat William in seinen fünfzehn Lebensjahren ganz sicher geschafft: er hat sich ein dickes Fell zugelegt und gelernt, sich zu behaupten. »Er ist eine starke Persönlichkeit«, sagte ein Insider. »Und er kann ebenso gut austeilen wie einstecken.«

Bei einer ziemlich wüsten Schneeballschlacht auf dem Campus wurde William unter Beschuß genommen, erwiderte das Feuer jedoch ohne zu zögern. Er hat viele Freunde und kann sich immer auf mindestens einen Verwandten verlassen: sein sechzehnjähriger entfernter Vetter Nicholas Knatchbull hat sich zu Williams Beschützer erklärt und wacht in Eton über ihn.

Andere Verbündete, Freunde und Verwandte, haben Wills in Eton besucht, darunter auch Tiggy Legge-Bourke.

Die Frau, die ursprünglich von Charles eingestellt wurde, um sich um die Jungen zu kümmern, als diese noch jünger waren, ist im Laufe der Jahre für Wills mehr so etwas wie eine Freundin und Vertraute geworden. Es heißt, mit ihr könne er über alles sprechen und sie habe immer ein offenes Ohr für seine Belange.

Charles und Diana nahmen beide an der Gründertagszeremonie in Eton teil, bei der König George III. Geburtstag gefeiert wird. Sie reisten getrennt an und unterhielten sich den ganzen Vormittag mit Wills´ Lehrern über seine schulischen Fortschritte. Um jedoch den Zeitungen möglichst wenig Gelegenheit zu geben, sie gemeinsam zu fotografieren, nahmen sie davon Abstand, sich die traditionelle Bootsprozession anzusehen.

Dann, im November 1995, besuchte Diana ihren Sohn allein. Es war mehr als nur ein ›Hallo, wie geht es dir?‹-Besuch. Die beiden führten ein sehr privates und ernstes Mutter-Sohn-Gespräch. Diana führte Wills hinter eine hohe Hecke neben der Kapelle in Eton, wo sie außer Sichtweite neugieriger Fotografen waren, und wo sie – wie sie glaubte – niemand belauschen konnte. Wills' Mum wollte ihn vor einem bevorstehenden Fernsehinterview mit ihr warnen, das in Kürze ausgestrahlt werden würde.

Es war das erstemal (wenngleich Charles dem Beispiel bald folgen sollte), daß Diana persönlich Stellung bezog, anstatt Freunde für sich sprechen zu lassen. In der inzwischen bereits berühmten Sendung, die in aller Welt ausgestrahlt wurde, kritisierte Prinzessin Diana öffentlich Prinz Charles und seine Familie – einschließlich der Queen. Mindestens eine Person war Zeuge der Mutter-Sohn-Besprechung und sagte: »William war sichtlich bestürzt.«

Daß Prinzessin Diana nicht wollte, daß Wills von dem Fernsehinterview überrascht wurde, war eine Sache, aber hatte sie nicht allein durch ihre Mitwirkung Öl ins Feuer gegossen und die Situation für Wills verschlimmert?

# Kapitel 8

## Das ›Neinwort‹ – die Scheidung

Bis 1992 galt noch allgemein, daß eine Scheidung unter Angehörigen des Königshauses ein Tabu sei. Obgleich die Verfassung eine Scheidung nicht verbietet, lautete ein unausgesprochenes Gesetz, daß Royals verheiratet zu bleiben hätten, egal, wie unglücklich sie in ihrer Ehe sein mochten. Die Paare dürften zwar getrennt leben (was auch häufig der Fall ist), aber der Krone und ihrer Geschichte zuliebe würde von ihnen erwartet, daß sie verheiratet blieben. Tatsächlich hat es vor Anfang der Neunziger Jahre nur ein oder zwei Scheidungen innerhalb der Herrscherfamilie gegeben, und das im Abstand von etwa vierhundertfünfzig Jahren. (Natürlich ist es in alten Zeiten vorgekommen, daß ungeliebte Ehefrauen geköpft wurden, aber das ist eine andere Geschichte.)

Aber die Zeiten ändern sich, und zieht auch an den Royals nicht spurlos vorbei.

Die Zahl der Scheidungen steigt in allen Gesellschaftsschichten. Tatsächlich weist England sogar die höchste Scheidungsrate in Europa auf. Man könnte sagen, daß die Monarchie es vorgemacht hat. 1978 ließ Königin Elizabeths Schwester Margaret (Williams Großtante) sich von ihrem Mann Lord Snowdon scheiden, und 1992 trennte sich Williams Tante Anne (Charles´ Schwester) von Mark Philips (dem Vater von Wills´ Cousin und Cousine Peter und Zara). Die Scheidung von Williams Onkel Andrew und Sarah Ferguson 1996 überraschte niemanden (Von Wills´ Onkeln und Tanten väterlicherseits ist nur einer nicht geschieden: Prinz Edward, der erst noch heiraten muß) – und die Scheidung seiner Eltern wurde ebenfalls allseits erwartet.

Williams zerstrittene Eltern trennten sich offiziell im Dezember 1992, wurden aber erst im August 1996 rechtskräftig geschieden. Warum dauerte es so lange? Viele haben hierüber nachgegrübelt, aber im Grunde ist die Antwort ganz einfach. Zum einen schreibt das englische Recht vor, daß ein Paar vor der Scheidung zwei Jahre getrennt gelebt haben muß. Das wäre bei Charles und Diana 1994 gewesen, das Jahr, in dem vielen Reportern zufolge die Scheidung auch hätte vollzogen werden sollen. Denn was, wenn Königin Elizabeth unerwartet starb? Charles würde automatisch ihre Nachfolge antreten, und da sie nicht geschieden waren, würde Diana somit Königin werden. Und das einzige, was als noch schlimmer erachtet wurde als ein zerstrittenes Prinzenpaar, war ein Königspaar, das offiziell getrennt lebte und öffentlich schmutzige Wäsche wusch.

Als Prinz Charles und Prinzessin Diana sich noch zwei Jahre Zeit ließen, den entscheidenden Schritt zu tun, wurde spekuliert, daß möglicherweise doch noch eine leise Hoffnung bestand, daß sie sich versöhnten. So unwahrscheinlich das auch klingt, hatte Diana irgendwann 1994 tatsächlich im Geheimen eine Unterredung mit Königin Elizabeth und erklärte sich bereit, einen Versöhnungsversuch zu unternehmen – unter einer Bedingung: Daß Charles seine Beziehung zu Camilla Parker-Bowles beendete. Berichten zufolge hat der Palast dem zugestimmt – Charles aber nicht.

Hiernach wurde kein weiterer Versuch unternommen, die Ehe von Prinz Williams Eltern zu retten.

Tatsächlich haben Familie und Anwälte in diesen zwei Jahren die Einzelheiten der Scheidung ausgearbeitet, und derer gab es reichlich. Manche entsprachen den Punkten, mit denen sich jedes Paar, das sich scheiden lassen will, befassen muß: Gelder, Besitztümer und Immobilien müssen aufgeteilt, und die Sorgerechtsfrage muß geklärt werden. Andere

Punkte allerdings waren gänzlich anders, da es auch um Staatsangelegenheiten, Titel und die Thronfolge ging. Tatsächlich war auch in bezug auf Geld, Juwelen, Immobilien und andere Güter alles viel komplizierter als bei den meisten anderen Paaren, ganz einfach weil so viel mehr von allem vorhanden war!

Hinzu kam die Frage der öffentlichen Meinung, die bei Royals eine viel größere Rolle spielt als bei den meisten ›Normalsterblichen‹. Falls die Öffentlichkeit sich Einzelheiten der Scheidung betreffend auf Dianas Seite stellte, konnte dies die ganze Monarchie gefährden, die ihre Macht aus der Liebe und Unterstützung des Volkes schöpft. 1994, 1995 und Anfang 1996 setzte Diana ihre Kampagne fort und sammelte Sympathien in der Öffentlichkeit. In ihrem berühmten Fernsehinterview sagte sie, es sei nicht ihr Ziel, Königin von England zu werden, sondern die ›Königin der Herzen‹. Und das war sie seit längerer Zeit schon und wird es nun für immer bleiben; zumindest in den Köpfen der Menschen, die sie geliebt haben.

Im Februar 1996 gab Diana bekannt, daß sie in die von Charles eingereichte Scheidung ›eingewilligt‹ habe, ohne vorab Charles oder die Queen informiert zu haben. Diana behauptete, daß sie und Charles sich darauf geeinigt hätten, daß sie auch weiterhin in allen Entscheidungen William und Harry betreffend

Mitspracherecht haben würde. Last but not least erklärte sie, daß sie auch nach der Scheidung ihren Titel, Diana Prinzessin von Wales behalten werde.

Obgleich Charles und die Königin nicht darauf vorbereitet waren, daß Diana sich ohne ihre Erlaubnis an die Öffentlichkeit wandte, konnten sie sie nicht in aller Offenheit rügen. Die Situation mußte mit allergrößter Vorsicht gehandhabt werden.

So sehr Charles´ Familie sich auch wünschen mochte, Diana einfach aus ihrem Leben zu verbannen, ihr waren die Hände gebunden. Sie war nicht nur die Mutter der beiden Thronerben, sondern darüber hinaus wurde sie auch weiterhin von den Untertanen des Königshauses verehrt – ebenso wie die Prinzen Wills und Harry.

Diana war sich all dessen selbstverständlich bewußt. Und sie wußte, daß es ihr aller Wahrscheinlichkeit nach gelingen würde, ihrer angeheirateten Familie ihren Willen aufzuzwingen.

Natürlich wollte sie von Charles eine großzügige finanzielle Abfindung, aber die meisten Beobachter sind sich darüber einig, daß Diana vor allem einen großen Einfluß auf das Leben ihrer Söhne behalten wollte. Mit anderen Worten: Sie wollte nicht, daß man ihr nach der Scheidung die Jungen wegnahm. Diese Furcht war nicht unbegründet. Nach englischem Recht war der Palast dazu berechtigt, das Sorgerecht für seine Thronerben zu übernehmen.

»Diana sind die Hände gebunden«, meinte Ingrid Seward, Herausgeberin des *Majesty*-Magazins. »Die Jungen gehören der Königsfamilie, nicht ihr.« Dianas eigenmächtiges Vorgehen ist somit auch als ein verzweifelter Kampf einer Mutter um ihre Kinder zu verstehen.

Während die meisten Menschen mit der Mutter sympathisierten, waren weniger sentimentale Vertreter der Ansicht, die Kinder seien Dianas einziger Trumpf im Kampf gegen Charles´ Familie. Wenn es ihr gelang, das Sorgerecht zumindest teilweise zu behalten, würde sie eine starke Position innerhalb des Landes behalten. Und genau das wollte sie auch. Mit anderen Worten, es gab Menschen, die der Ansicht waren, Diana würde Wills und Harry nur als Faustpfand benutzen, um sich Macht und Prestige zu erhalten, an die sie sich gewöhnt hatte.

Die Ehe von Prinz Williams Eltern wurde offiziell am 28. August 1996 exakt um zehn Uhr siebenundzwanzig in einer Londoner Kanzlei geschieden. Weder Prinzessin Diana noch Charles waren anwesend. Nachdem sie ihre Söhne informiert hatte, zog Diana sich in ihre

Gemächer im Kensington Palace zurück, während Charles seinem geliebten Balmoral den Vorzug gab. Die Einzelheiten der Scheidung wurden noch am selben Tag bekanntgegeben.

Letztendlich büßte Diana viele ihrer an ihren Status gebundenen Privilegien ein: Chauffeure, Leibwächter und Gesellschaftsdamen wurden ihr entzogen. Und da sie nicht länger künftige Königin war, mußte Diana auch einen Teil ihres Titels aufgeben. Während sie auch weiterhin Diana Prinzessin von Wales bleiben sollte, war sie nicht länger ›Ihre Königliche Hoheit‹. Traditionsgemäß bedeutete dies, daß niemand mehr verpflichtet war, sich in ihrer Gegenwart zu verneigen, während sie selbst eines Tages hätte verpflichtet sein können, sich vor ihrem eigenen Sohn zu verneigen!

Als Mutter des künftigen Königs blieb Diana jedoch auch weiterhin Mitglied der Königsfamilie und somit war ihr gestattet, mit der Royal Squadron und dem Royal Train zu reisen. Auf offiziellen Fotos mußte sie sich auch nicht im Hintergrund halten, sondern durfte neben ihren Söhnen stehen.

Was die materielle Seite betraf, erhielt Diana eine gewaltige Abfindung (Gerüchten zufolge über dreiundzwanzig Millionen Dollar), womit es ihr möglich gewesen sein dürfte, ihren Lebensstandard weitgehend unverändert fortführen zu können, nachdem sie ihre Ausgaben nicht mehr dem Palast in Rechnung stellen konnte. Diana durfte weiter mietfrei ihre Dreißig-Zimmer-Wohnung im Kensington Palast bewohnen und sämtlichen Schmuck behalten, den sie im Laufe ihrer fünfzehnjährigen Ehe geschenkt bekommen hatte.

Auf der ihr persönlich mit Sicherheit wichtigsten Ebene, ihrer Beziehung zu William und Harry, war Diana offenbar siegreich – die jungen Prinzen sollten auch weiterhin ebenso viel Zeit bei ihr verbringen wie bei ihrem Vater, und das bedeutete, daß sie auch in Zukunft einen möglichst engen Kontakt zu ihren Kindern würde behalten können. (Niemand konnte ahnen, daß ihr nicht mehr viel Zeit blieb, sich um ihre Kinder zu kümmern.)

Man geht davon aus, daß William und Harry auf ihren jeweiligen Schulen psychologisch betreut wurden, aber öffentlich hat sich natürlich keiner von beiden dazu geäußert, in welchem Maße die Scheidung sie persönlich getroffen hat. Das hat jedoch andere nicht davon abgehalten, ihre Meinung zu äußern: Die meisten Beobachter meinten, die Liebe der Jungen zu Diana wäre der Hauptfaktor bei der Sorgerechtsregelung gewesen. Der Palast habe Diana mit Samthandschuhen angefaßt, um den künftigen König nicht zu verstimmen, der bekanntermaßen sehr an seiner Mutter hing.

Manche behaupteten auch, Dianas eigentliches Ziel bei der Scheidung sei es gewesen, dafür zu sorgen, daß Charles niemals den Thron bestieg, sondern an seiner statt Prinz William Queen Elizabeth nachfolgte. Aber ob es je dazu kommt oder nicht – die zunächst bedeutsamste Konsequenz der Scheidung war die, daß Englands Aufmerksamkeit noch stärker auf Williams schmalen Schultern lastete und der wohl berühmteste Fünfzehnjährige der Welt fortan noch mehr im Rampenlicht stehen wird, ob es ihm gefällt oder nicht.

## Kapitel 9

## Hautnah und persönlich

Prinz William gibt Zeitungen und Zeitschriften keine Interviews, und ganz sicher tritt er nicht in Talkshows auf.

Seine Freunde und Verwandten lassen sich ebenfalls nicht über ihn aus; Mitschülern droht der Schulverweis, wenn sie dabei erwischt werden, wie sie mit Medienvertretern sprechen.

Wie also erfahren Williams neugierige Fans, wie er wirklich ist?

Nun, natürlich wird trotz des Verbots viel geredet – denn ganz so wie es ein Zeitungsherausgeber vorhergesehen hat, ruhen die Blicke der ganzen Welt auf dem Teenager, der eines Tages König sein wird; jeder will wissen, wie er wirklich ist. Und trotz der eindringlichen Forderung seiner Familie, Wills in Frieden zu lassen, liefern Journalisten mit versteckten Mikrophonen und Paparazzi mit Teleobjektiven auch weiterhin einen steten Strom von

Bildern und Informationen. Tatsächlich scheinen Presse und Palast einen stillschweigenden Kompromiß geschlossen zu haben: Solange William sich auf dem Schulgelände aufhält, bleibt er weitestgehend unbehelligt. Verläßt er aber das Gelände, wird der junge Prinz zum Freiwild.

Zur Freude der nach Neuigkeiten gierenden Fans zeigt sich der künftige König immer mehr in der Öffentlichkeit, und auch Freunde, Bekannte und Insider erzählen ein wenig mehr. Und so beginnt sich ein recht vollständiges Bild von Prinz William of Wales abzuzeichnen.

## Wie ist Wills wirklich?

Als er noch klein war, wurde Prinz William meist als spitzbübisch, herrisch und launisch charakterisiert. So etwas behauptet inzwischen niemand mehr von dem künftigen König. Mit fünfzehn Jahren hat William Windsor sich sehr verändert.

Heute ist seine Persönlichkeit eine faszinierende Mischung aus argwöhnisch und wachsam und doch locker und fröhlich; diszipliniert und selbstsicher aber auch sensibel und scheu, ein typischer Teenager und doch ungewöhnlich reif für sein Alter. Tatsächlich haben viele nach dem öffentlichen Familienzwist, den er durchgemacht hat, konstatiert, daß er offenbar die besten Eigenschaften beider Elternteile geerbt hat.

In seinem Buch *The Decline and Fall of the House of Windsor* beschreibt Donald Spotto Prinz William als ›reservierten und ernsthaften, zurückhaltenden und introvertierten Jungen, der Argwohn hegt gegen jede Art von Publicity.

Er ist sich seiner Position und Zukunft bewußt und entwickelt sich zu einem würdevollen, ein wenig strengen Teenager; in seinen Augen liegt oft ein frühreifer, wissender trauriger Ausdruck.‹ Einer von Wills´ Onkeln bestätigt, daß sein Neffe ›ein sehr beherrschter, intelligenter und reifer Junge ist, wenn auch ziemlich förmlich und steif. Wenn er sich am Telefon meldet, klingt er viel älter als er tatsächlich ist.‹

Prinz William geht neue Situationen mit Mißtrauen an, als hielte er immer Ausschau nach einer Falle.

Aber er leidet keineswegs an Verfolgungswahn: es gibt tatsächlich viele Menschen, die wirklich darauf aus sind, Storys über ihn zu verkaufen. Und so hat William nicht nur gesundes Mißtrauen entwickelt, sondern sich außerdem einen emotionalen Schutzpanzer zugelegt, den er immer trägt. Es kommt nur selten vor, daß er seine Vorsicht lange genug vergißt, um unbefangen zu sprechen, und ganz sicher bemüht er sich immer, peinliche Situationen zu vermeiden. ›Er hat ein emotionales Arsenal entwickelt, um mit seinem einzigartigen Schicksal fertig zu werden‹, beschrieb ein Beobachter die Haltung des Prinzen. Wahrscheinlicher ist, daß er sich einfach ein dickes Fell zugelegt hat; ein sehr praktisches Accessoire, wenn man ständig unter Beschuß genommen wird.

Obgleich William sehr still ist und zuweilen steif oder verkrampft wirken mag, wäre es falsch, ihn als kaltherzig zu bezeichnen – das ist er bei weitem nicht. Tatsächlich ist Wills ausgesprochen sensibel – vermutlich sensibler als ihm lieb ist.

Ein Freund meinte hierzu: »William ist ein Sensibelchen, und es gibt vieles, was ihm zusetzt und ihn belastet«.

An erster Stelle stand zweifellos bis zu Dianas Tod die häßliche Scheidung seiner Eltern. Wie die meisten Scheidungskinder fühlte William sich nicht nur elend, sondern verantwortlich.

Natürlich hatten die Schwierigkeiten seiner Eltern nicht das geringste mit ihm zu tun, aber Insider meinen: »Er trägt Schuldgefühle wegen der Trennung seiner Eltern mit sich herum.«

Aber William legte sich nicht nur ein dickes Fell zu, sondern entwickelte auch einen ausgeprägten Beschützerinstinkt, vor allem gegenüber seinem Bruder Harry und seiner Mutter Diana. Wills hilft Harry nicht nur, sich an seine eigenen königlichen Pflichten zu gewöhnen, sondern weist ihn auch in die schulischen Kniffe ein.

Man kann davon ausgehen, daß niemand Harry aufziehen wird, wenn der Dreizehnjährige nach Eton kommt – sonst kriegt er es mit seinem einen Meter achtzig großen, sportlich durchtrainierten Bruder zu tun!

Schon als kleines Kind war William der Haupttröster seiner Mutter.

Einer bekannt gewordenen Geschichte zufolge, schob Wills, als Di sich nach einem Streit mit Charles im Bad einschloß, einen Zettel unter der Tür her, auf dem stand: ›Ich mag es nicht, wenn du traurig bist.‹ Kurze Zeit später erklärte Wills, er wollte Polizist werden, um seine Mutter beschützen zu können. Nach der Scheidung betrachtete Prinz William sich offenbar mehr denn je als Beschützer seiner Mutter.

»Der Junge ist ein tiefsinniger Denker«, hat seine Mutter einmal über ihn gesagt, und es besteht kein Zweifel daran, daß Wills eine schüchterne, nachdenkliche und düstere Seite hat.

Aber der Schein kann trügen, und Wills ist im Grunde nicht wirklich scheu. Wenn man ihn erst kennt, wird einem rasch klar, daß er sehr gesellig, fröhlich und charmant ist. Wie viele Jungen seines Alters gibt es nichts, was Wills lieber tut als ausgehen und sich amüsieren.

## Spaß und Spiel

Aber wie genau haut ein Thronfolger auf den Putz und amüsiert sich?

Im großen und ganzen nicht viel anders als viele Teenager auf der ganzen Welt. Denn trotz seines Goldfischglas-Daseins bemüht Prinz William sich nach Kräften, möglichst normal zu sein – was ihm in vieler Hinsicht auch tatsächlich gelingt. Er hat viele Interessen, die ihn sehr aktiv halten.

Wills war schon immer ein großer Sportfan, ebenso passiv wie aktiv. Neben Fußball, Wasserpolo und Rudern auf der Schule, spielt er so oft es geht Tennis. Wie auch früher ihre Mutter, sind Harry und William Mitglieder des exklusiven Harbor Club in Chelsea, London, und dort spielt Wills häufiger, mal allein, mal im Doppel.

Rugby, ein in England sehr beliebtes Spiel, ist eine weitere Leidenschaft von William. Er ist nicht nur in der Schulmannschaft, sondern bekam auch Gelegenheit – nur so zum Spaß – von Profis unterrichtet zu werden und von ihnen einiges über Fangen, Pässe und Punkten zu lernen. Vor nicht allzu langer Zeit verbrachten William und Harry einen Nachmittag im Heimstadion von Englands Rugby-Nationalmannschaft und ›trainierten‹ mit den Profis – das ist, als würde man mit Michael Jordan und den Chicago Bulls auf ihrem heimischen Platz spielen. Mit anderen Worten: für Fans dieser Sportart gibt es nichts, was cooler wäre.

Hockey und Schwimmen stehen ebenso auf der Liste seiner Lieblingssportarten wie Skilaufen, womit er schon als ganz kleiner Junge angefangen hat. Wills kennt die Pisten der berühmtesten Skigebiete auf der ganzen Welt.

Aber von allen Orten, an denen er bereits gewesen ist, ist einer sein erklärtes Lieblingsziel. Dieser Ort ist weder exotisch noch exklusiv; vielmehr ist es das beliebteste Urlaubsziel der meisten Amerikaner und jenes, für das sich auch Williams Fans am meisten begeistern: Disney World in Orlando, Florida, in der Werbung oft als der ›glücklichste Ort auf Erden‹ bezeichnet.

Obgleich Wills nie geäußert hat, ob er dieser Beschreibung zustimmt, ist er von dem Vergnügungspark zweifellos begeistert.

Zu seinen Lieblingsattraktionen gehören die Star-Wars-Raumfahrt, die Indiana-Jones-Show, die Figuren aus ›Die Schöne und das Biest‹ sowie sämtliche Wasserfahrten. Aber Sie brauchen sich nicht die Mühe zu machen, über die Schulter zu blicken, um zu sehen, ob vielleicht Harry oder Wills hinter Ihnen in der Schlange stehen. Nicht nur, daß die Prinzen nie anstehen müssen, sie schlendern auch nicht frei über das Disney-Gelände. Statt dessen werden sie über unterirdische Tunnel von einer Attraktion zur anderen gebracht, und dann stehen sie plötzlich ganz vorn in der Reihe.

Aber bevor man neidisch wird, sollte man sich eins vor Augen halten: William und Harry dürfen ihr Hotelzimmer am Abend nicht verlassen. Aus Sicherheitsgründen und auf ausdrücklichen Befehl der Queen müssen sie in ihrer Disney-World-Suite bleiben und sich das atemberaubende Feuerwerk aus der Ferne ansehen.

Prinz Williams Aufenthalte in den Staaten beschränken sich jedoch nicht auf Disney World. Wills, der stets den Nervenkitzel sucht, hat in den letzten Sommerferien zusammen mit seiner Mutter und seinem Bruder einen traumhaften Urlaub in Aspen, Colorado, verbracht.

Sie waren dort Gäste der Filmstars Goldie Hawn und Kurt Russell und wohnten auf deren Anwesen. Wills durfte einen Geländewagen über eine gewundene, unbefestigte Straße fahren, aber vor allem haben sie an einer Wildwasser-Rafting-Fahrt den schäumenden Fork River hinunter teilgenommen.

Der Fluß, eiskalt und reißend von schweren Schneefällen, hat Prinz William offenbar nicht schonender behandelt als jeden anderen auch: die zwölf Meilen lange Fahrt war wild und holprig.

Aber während Prinzessin Diana sich die ganze Zeit über mit vor Furcht weiß hervortretenden Fingerknöcheln an das Floß klammerte, liebte Wills jede Sekunde dieses Abenteuers – ebenso wie Harry, der jauchzte: »Das ist toll! Mom, können wir das noch mal machen?«

Wills reitet, fährt Mountain Bike und zuweilen auch den Range Rover seines Vaters, allerdings nur auf dem Gelände des Balmoral-Anwesens in Schottland.

Meistens wird er überallhin chauffiert, und er hat bei weitem mehr Zeit im Fond einer Limousine verbracht als am Steuer irgendeines Wagens.

Wie die meisten Jungen seines Alters ist William ein Rockmusik-Fan und kennt sich gut mit den Top-Gruppen aus. Seine Lieblingsband ist die britische Gruppe Pulp, und obgleich seine Mutter für ihn eine Begegnung mit so ziemlich jedem hätte arrangieren können, den er gerne kennenlernen wollte, beschloß Wills, der Band zu schreiben und um ein signiertes Poster zu bitten wie jeder andere Fan.

Und der Wunsch wurde ihm auch erfüllt.

Inzwischen gehören auch die Spice Girls zu seinen Favoriten.

Ironischerweise hat ausgerechnet Prinz Williams größte Leidenschaft ihn in Schwierigkeiten gebracht und zum Mittelpunkt einer Kontroverse gemacht: Jagen oder besser Schießen, wie man es bei den Windsors vorzugsweise nennt. Wills, der sich schon als kleiner Junge für Waffen interessiert hat, hat sehr intensiv geübt und sich zu einem hervorragenden Schützen entwickelt – ganz wie sein Vater und viele seiner Freunde und Verwandten. Sogar seine Mutter, die, wie allseits berichtet wurde, diesem Sport abgeschworen hatte, hat im Alter von nur dreizehn Jahren ihren ersten Hirsch geschossen. William und Harry haben schon sehr früh ihren Vater auf den von der Familie organisierten Federwild- und Kaninchenjagden begleitet.

Als Prinz William dann im Dezember 1996 seinen ersten Hirsch erlegte und anschließend an der rituellen Zeremonie teilnahm, bei der ihm das Blut des Hirsches ins Gesicht geschmiert wurde, war er überrascht von dem hierauf folgenden empörten Aufschrei in den Medien. Diesmal stand *er* im Kreuzfeuer der Kritik, und die Tierschützer gingen nicht zimperlich mit dem jungen Prinzen um. William ließ sich nicht zu einer öffentlichen Erklärung hinreißen, aber die Kontroverse setzte sich dennoch unvermindert heftig fort.

Während manche die Jagd als Abschlachten unschuldiger Tiere verurteilen, betrachten andere sie als Sport. Und noch andere halten diesen Zeitvertreib für ›unverzichtbar‹, erst recht für William. Ein Experte erklärte dies wie folgt: »Jagen, Schießen und Angeln sind Pflichtübungen für einen englischen Landedelmann. Von William wird erwartet, daß er sie ebenso beherrscht wie Ansprachen in der Öffentlichkeit und politisches Geschick.«

Und dieser Aspekt dessen, was von ihm erwartet wird, bereitet William sichtlich Freude – im vergangenen Jahr hat er sogar auf Wintersport in der Schweiz verzichtet, weil er lieber auf die Jagd gehen wollte.

Was ihn jedoch keineswegs erfreut – und das hat er unmißverständlich zum Ausdruck gebracht -, sind seine ›Babysitter‹. Als kleiner Junge auf Schritt und Tritt von Detectives und Leibwächtern verfolgt zu werden, war schon schlimm genug, aber jetzt, als Teenager, der großen Wert auf Intimsphäre legt, mißfällt es ihm noch viel mehr.

›Er haßt es, in jeder Minute seines Lebens beobachtet zu werden‹, schrieb das Magazin *Hello!* ›Man hat ihn schon fragen hören: ›Warum muß ich ständig von Polizisten umgeben sein?« Und obgleich er im großen und ganzen dem ›Spiel‹ entwachsen ist, sich vor seinen Bodyguards zu verstecken, ist Prinz

William immer noch sehr geschickt darin, ihnen zu entwischen, wenn ihm wirklich der Sinn danach steht.

## Styling

Man sagt, daß jedes Foto eine Geschichte erzählt – und jedes Bild von Prinz William verrät, daß der Junge sich gut zu kleiden versteht. Mag sein, daß er rund um die Uhr von Scotland Yard bewacht werden muß, aber die Mode-Polizei hat es ganz sicher nicht auf ihn abgesehen. Natürlich ist es Teil seines ›Jobs‹, gut auszusehen: Wenn man weiß, daß man ständig fotografiert wird, kann man sich ebenso gut gleich in Schale werfen. Und das tut Wills. Tatsächlich beweist er hierbei so guten Geschmack, daß das Magazin *People* ihn unter den bestgekleideten Personen 1996 aufgeführt hat. ›Er sieht aus und kleidet sich wie ein Model‹, lobten die Kritiker. ›Kein einziger Fauxpas in Kleiderfragen.‹

Natürlich kann William es sich leisten, in den teuersten Geschäften einzukaufen, aber ein Gespür für Stil läßt sich nicht kaufen, und Wills scheint seinen Geschmack von seiner stets tadellos gekleideten, modischen Mutter geerbt zu haben. In seinem Kleiderschrank dominiert weder ein bestimmter Designer noch ein spezieller Stil; er liebt die Vielseitigkeit und kleidet sich jeder Situation angemessen. Er besitzt leuchtendbunte warme Anoraks für den Wintersport in Klosters in der Schweiz; Designer-Sweatshirts, Shorts und Turnschuhe für die anderen Sportarten, denen er nachgeht.

Aber egal in welchem Outfit, Wills sieht immer gut aus – ob trendy in Benetton-Klamotten, lässig mit Baseballmütze oder ›klassisch‹ in Tweedstoffen bei förmlicheren Anlässen.

## Von Privilegien und Pflichten

»Fakt ist, daß Reichtum in jeder Lebenslage von Vorteil ist. Der Preis des Ruhm ist der Verlust der Privatsphäre, aber ... der Reichtum, der mit dem Ruhm einhergeht, macht das Leben in jedem anderen Punkt leichter.« Nein, Prinz William hat das nicht gesagt – das Zitat ist von Fernsehstar Rosie O'Donnell –, und Wills ist strenggenommen auch kein Star, aber ganz sicher hat er diese Einstellung verinnerlicht. In der Lage zu sein, sich alles zu kaufen, was das Herz begehrt, übersteigt das Vorstellungsvermögen der meisten Menschen, aber William wurde mit diesem Privileg geboren. Geld ist etwas, das er nicht nur besitzt, sondern worüber er sich auch keine großen Gedanken zu machen braucht. Er wird immer reich sein. Seine Eltern sind mehrfache Millionäre, und seine Großmutter ist angeblich die reichste Frau der Welt.

Und eines Tages wird Prinz William erben, zwar nicht das ganze Vermögen, aber doch mehr als genug.

Was ihn allerdings nicht automatisch zu einem Verschwender macht. Tatsächlich hat er die nächsten Jahre noch keinen Zugriff auf das Gros seines Geldes. Kürzlich hat er sein erstes Bankkonto eröffnet und fünfhundert Dollar eingezahlt.

Natürlich braucht Wills nicht oft den Geldautomaten aufzusuchen – fast alles Materielle bekommt er bezahlt: Kleidung und chauffierte Limousinen, Konzertkarten, CDs, Bücher, Kinobesuche, Videos, Restaurantrechnungen und alles, was er sonst noch möchte.

Aber Geld ist nur ein Aspekt von Williams privilegiertem Dasein. Wenn er Prominente kennenlernen möchte – wie beispielsweise Cindy Crawford –, brauchte er nur darum zu bitten, und seine Mutter lud den/die Betreffende/n zum Tee. Als Fan der Chicago Bulls hat Williams sich riesig über die Team-Andenken gefreut, die seine Mutter ihm von einem Besuch in den Staaten mitgebracht hatte – persönlich signiert von Superstar Michael Jordan.

Aber auch wenn Wills sich nicht den Kopf darüber zerbrechen muß, was etwas kostet, zahlt er einen hohen Preis für seine Vorteile und Privilegien. »Man gewöhnt sich *nicht* daran, ständig angestarrt zu werden. Es ist sehr schwer, damit zu leben, vor allem, wenn man sich nicht frei dafür entschieden hat. Ich hatte immer das Gefühl, da hineingezwungen worden zu sein. Man hat mir nie die Möglichkeit gegeben – oder die Umstände haben mir nie gestattet – zu sagen: ›Halt Ich will das nicht mehr. Das habe ich nie gewollt!‹« Okay, auch das hat nicht Wills gesagt, sondern Prinzessin Caroline von Monaco, aber man kann wohl davon ausgehen, daß Wills ähnlich empfindet. Denn die Kehrseite von Wills Leben im Überfluß ist die völlige Einbuße jeglicher Privatsphäre.

›Die königliche Familie wäre nicht königlich, wenn sie ein normales Dasein frühen würde, und ganz normale Freiheiten sind etwas, was ein Mitglied dieser Familie nie als selbstverständlich für sich beanspruchen kann. Das ist Teil des Drucks, mit dem sie rechnen müssen‹, schreibt Phoebe Hichens, Autorin von *The Royal Baby Book*. Der Preis, den Prinz William für seine vielen Privilegien zahlen muß, kommt einer ständigen Belagerung gleich. Alles, was er sagt oder tut, kann und wird gegen ihn verwendet werden – möglicherweise auch zu seinen Gunsten, aber es wird dennoch *verwendet* – , vor dem Gericht der öffentlichen Meinung. Und da die Monarchie abhängig ist von der öffentlichen Meinung, ist dieses Gericht weit kritischer als jedes andere.

Von Prinz William wird nicht nur erwartet, daß er sich zweimal überlegt, was er sagt oder tut, sondern darüber hinaus, daß er mit gutem Beispiel vorangeht. Von ihm wird erwartet, daß er zu jeder Zeit höflich ist, Gespräche beginnt, wie es das Protokoll vorschreibt, und über eine riesige Vielfalt verschiedener Themen zumindest ein wenig Bescheid weiß. In der Zukunft wird man von ihm erwarten, daß er Hunderte von Reden hält und Millionen von Menschen kennenlernt.

Und es wird keine Rolle spielen, ob ihm der Sinn danach steht oder nicht: er wird es trotzdem tun müssen.

Das alles kann ganz schön nervig sein, aber es ist nicht annähernd so schlimm wie das, was noch von seinen Vorfahren erwartet wurde. In den Geschichtsbüchern kann man nachlesen, daß Edward I. bereits als Jugendlicher den Oberbefehl über eine ganze Armee übernahm. Edward VI. schrieb über hundert Essays auf Lateinisch, noch bevor er zehn war, und James I. hatte jeden Morgen vor dem Frühstück drei Stunden Griechischunterricht. Wenngleich von Wills nicht erwartet wird, sich an solchen Vorgaben zu messen, wird sehr wohl von ihm erwartet, ein beispielhaftes Benehmen an den Tag zu legen. Er ist der Vertreter einer neuen Generation. Und die Monarchie braucht nach den Skandalen seiner Eltern dringend einen untadeligen Repräsentanten.

Es gibt aber noch eine weitere für uns selbstverständliche Freiheit, die im Leben dieses außergewöhnlichen Teenagers fehlt: die Freiheit, sich frei für einen Beruf zu entscheiden.

# Kapitel 10

## Freunde – und Freundinnen

Es gibt zwar keine Selbsthilfegruppe für künftige Monarchen, aber es gibt wohl Menschen, an die Prinz William sich wenden oder die er um Rat bitten könnte, wenn er es wollte. Die Kinder von Präsident John F. Kennedy – Caroline und vor allem John Junior – haben vom Tag ihrer Geburt an bis heute unentwegt im Rampenlicht gestanden. Chelsea Clinton weiß, daß sie in der Öffentlichkeit beherrscht und vorsichtig sein muß, weil jeder dumme Fehltritt sofort von der Presse aufgegriffen wird. Während dies Menschen sind, die Prinz William Freunde und Mentoren sein könnten, sind sie wohl kaum Teil seines Alltagslebens. Das sind vielmehr seine Schulkameraden in Eton und seine königlichen Verwandten. Aus diesen Reihen muß Wills seine Freunde auswählen. Und er tut gut daran, bei der Auswahl Vorsicht walten zu lassen, wie er inzwischen weiß.

Und er weiß noch etwas: wahre Freunde kann man mit allem Geld und aller Macht der Welt nicht kaufen, und das ist auch gut so. Die Freundschaft seiner Mitschüler ist etwas, das Prinz William dringender braucht denn je, vor allem jetzt, da er seine Mutter verloren hat. William braucht Freunde, die für ihn da sind, Freunde, auf die er sich verlassen und denen er sich anvertrauen kann – ohne fürchten zu müssen, hintergangen zu werden –, Freunde, mit denen er zusammen sein und sich einfach nur amüsieren kann. Aber echte Freunde zu finden ist wohl das schwierigste im Leben von William Windsor.

Aufgrund seiner einzigartigen Position ist es für Prinz William nicht einfach zu ergründen, warum jemand sein Freund sein will – liegt es vielleicht an seinem Status, seinem Reichtum, seiner Bestimmung?

William kann nie sicher sein, warum jemand ihn in ein Gespräch verwickelt – ist der oder die Betreffende auf irgendwelchen Klatsch aus, der sich an die Boulevardblätter verkaufen läßt?

Hat es ein scheinbar netter Kerl nur darauf angelegt, mit ihm zusammen gesehen zu werden, um sich dadurch wichtig zu fühlen? Woher soll William wissen, ob jemand ihn ehrlich mag oder sich nur für das interessiert, *was* er ist: ein Prinz, der eines Tages König sein wird.

Prinz William muß einen speziellen ›Radar‹ entwickeln, um die Spreu vom Weizen zu trennen, um zu erkennen, wem wirklich etwas an ihm liegt, wer auch dann noch mit ihm befreundet sein wollte, wenn er nicht reich, privilegiert oder dazu bestimmt wäre, sein Land ins kommende Jahrtausend zu führen. Alles in allem hat er bisher gut gewählt.

Aber auch wenn es für Wills schwierig ist, sich die richtigen Freunde herauszupicken, ist es im Gegenzug auch nicht leicht, mit ihm befreundet zu sein.

Zum einen müssen potentielle Freunde einer Musterung von Wills Familie im Buckingham Palace standhalten. Zwar überprüfen Charles und der Palast nicht unbedingt jeden einzelnen von Williams Freunden, jedoch würde jemand, den sie mißbilligen, höchstwahrscheinlich aus Williams Leben entfernt werden, und das schnell. Außerdem erfordert die Freundschaft mit dem Prinzen zuweilen auch einige Geschicklichkeit: man muß bereit sein, William vor den allgegenwärtigen Reportern zu schützen sowie vor allzu aggressiven Bewunderern.

Mehr als einmal haben Williams Freunde bereits eine menschliche Mauer zwischen dem Prinzen und den lauernden Paparazzi gebildet.

Aber wenn seine Freunde es schon schwer haben, ist die Herausforderung für Williams Freundinnen – oder besser potentiellen Freundinnen – noch größer (was Tausende verliebter Teenager nicht davon abhält, Schlange zu stehen, bereit, alles auf sich zu nehmen).

Denn Prinz William, seines Zeichens weder Filmstar noch Rocker oder Sportpromi ist inzwischen einer der begehrtesten Teenageridole der Welt und Mädchenschwarm einer ganzen Generation.

Eine Kolumnistin meint dazu: ›Die Mädchen sind hinter ihm her, weil er gut aussieht, nett und witzig ist und sich gut macht auf seinem Podest, eine glitzernde Persönlichkeit eben.‹ ›Prinz William mag kein Popstar sein‹, meint auch Leesa Daniels vom *Smash-Hits*-Magazin, ›aber er ist wohl der berühmteste Teenager der Welt.‹

Als solcher wurde er zum Britischen Teenageridol Nummer Eins sowie zum ›bestaussehendsten Mitglied der königlichen Familie‹ gewählt. Teenagerzeitschriften bringen regelmäßig doppelseitige oder noch größere Poster des Prinzen, dazu bewundernde Artikel voller Ausrufezeichen!

Kitschige *ICH LIEBE WILLS*-Aufkleber zieren die Hefte von Schulmädchen in ganz Europa. Als *Smash Hits* das erste Mal ein doppelseitiges Poster des Prinzen brachte – natürlich hatte William nicht dafür posiert; das Foto war auf Queen Mums Geburtstag aufgenommen und an die Zeitschrift verkauft worden –, wurde die Ausgabe den Händlern förmlich aus der Hand gerissen.

Jede Kleinigkeit, jede Information, sämtlicher Klatsch und jedes Gerücht über den Teenagerprinzen – alles wird von seiner Fangemeinde gierig verschlungen. 1995 bekam er noch eine einzige Karte zum Valentins Tag – von seiner Mutter.

Im folgenden Jahr waren es bereits vierundfünfzig, und in diesem Jahr zehn Mal so viele.

Was hat der britische Thronerbe an sich, daß die Mädchen derart auf ihn fliegen? Wenngleich das Aussehen nicht alles ist, wird wohl kaum jemand leugnen, daß es ein wichtiger Faktor bei der Entstehung eines Teen-Idoles ist – und der schnuckelige Wills wurde von seinen Legionen von Fans als ›wahnsinnig süß‹ eingestuft.

Mit fast einem Meter achtzig, den blauen Augen, dem blonden Haar und den breiten Schultern würde er sich auch dann beim weiblichen Geschlecht großer Beliebtheit erfreuen, wenn er nicht Prinz wäre, sondern nur ein junger Mann von nebenan.

Natürlich schadet es auch nicht, *daß* er ein echter Prinz ist. William ist reich, er ist berühmt, und von welcher Seite man es auch betrachtet, vor ihm liegt zweifellos eine faszinierende Zukunft. Eine britische Teenagerzeitschrift hat die zehn wichtigsten Gründe aufgelistet, weshalb Wills als so cool und ›anbetungswürdig‹ gilt. Darunter: Er ist reich; er steht auf (die Rockband) Pulp; er versteht es zu feiern!; er trägt Turnschuhe anstelle von ›richtigen‹ Schuhen; er hat keine Angst vor rasanten Achterbahnfahrten; er ist ein perfekter, völlig normaler und netter Kerl (er ist bodenständig und sehr, sehr süß).

Aber es gibt noch andere Gründe, warum Mädchen auf der ganzen Welt William gern näher kennenlernen würden. Seine Beliebtheit ist nicht nur auf sein gutes Aussehen zurückzuführen, sondern auch auf seine Persönlichkeit.

Nach allem, was über William gedruckt oder auch nur gemunkelt wird, scheint er auch sonst alle Eigenschaften zu besitzen, die Mädchen im Teenageralter wichtig sind.

Wills ist allem Anschein nach lieb, sensibel, schüchtern, großmütig, stark und witzig – vor allem aber jemand, der eine loyale Freundin ebenso hoch schätzen würde wie wahre Freunde.

Außerdem ist William jemand, mit dem Teenagermädchen sich identifizieren können. Eine Kolumnistin formulierte es wie folgt: ›Er ist eine ansprechende Mischung aus gewöhnlich und ungewöhnlich. Er wirkt gleichzeitig distanziert und greifbar; er ist gleichzeitig einzigartig und ganz normal.‹

Der Herausgeber eines Teenagermagazins erklärte weiter: ›Die Mädchen betrachten ihn als einen ganz gewöhnlichen Jungen, der in England aufwächst. Er ist in etwa im gleichen Alter wie seine Fans und teilt viele ihrer Interessen, darunter Rockmusik, Tanzen, Sport, Filme, Mode und Vergnügungsparks.‹ Es fällt nicht schwer, sich vorzustellen, was zu einem Rendezvous mit William dazu gehören könnte: Abendessen in einem trendigen Restaurant, tanzen in einem In-Schuppen, vielleicht die private Vorführung eines neuen Kinofilms.

Während Wills sich hierzu nicht öffentlich geäußert hat, hat er über andere wissen lassen, daß er sich mit seinem neuen Status als Teenageridol nicht wohl fühlt. Nicht, daß die Beliebtheit ihm nicht schmeicheln würde – es ist nur so, daß sie ihn verlegen macht. »So etwas wie das Poster aus *Smash Hits* ist ihm peinlich«, verrät *Daily-Mail*-Korrespondent Richard Kay, ein ehemaliger Freund von Prinzessin Diana. ›Er genießt die ganze Aufmerksamkeit nicht.‹ Aber diese Bescheidenheit trägt natürlich nur dazu bei, ihn noch attraktiver zu machen.

›Es ist das erstemal, daß ein Mitglied der Königlichen Familie bei Teenagern beliebt ist‹, schrieb der Herausgeber des Magazins *Live &*

*Kicking.* Falsch. Ohne daß er selbst – oder auch Wills – etwas davon ahnt, gebührt diese Ehre erstaunlicherweise seinem Vater (!), über den vor vielen Jahren in Amerikas auflagenstärkstem Teenagermagazin *16* berichtet wurde. Natürlich sah Prinz Charles nicht annähernd so gut aus und war aufgrund dessen auch nicht so populär wie sein Sohn. Dennoch war er ein berühmter Teenager seiner Zeit, so daß die Presse regelmäßig über ihn und seine Schwester, Prinzessin Anne, berichtete.

Natürlich wurde William nie dazu befragt, welcher Typ Mädchen ihm am besten gefällt, aber sein Verhalten läßt keinen Zweifel daran, daß er sich sehr für das weibliche Geschlecht interessiert.

Der größte Schwarm Englands war selbst in *Baywatch*-Schönheit Pamela Lee Anderson verknallt, deren Pinup in seinem Schulspind hängt, und er hat mit dem Supermodel Cindy Crawford Tee getrunken.

Prinz William hat keine Freundin, führt aber wohl ein sehr aktives gesellschaftliches Leben. Trotz seiner Schüchternheit und der notwendigen Vorsicht geht er häufig aus, auf Partys, zum Tanzen, zu Treffs und auf Teenagerbälle. Natürlich verfolgt ihn die Presse überallhin. William hat am 23. Oktober 1995 an seiner ersten Tanzveranstaltung teilgenommen, dem Fiesta Ball im Hammersmith Palais Nightclub. Die Zahl der geladenen Gäste, die fünfunddreißig Dollar Eintritt zahlen mußten, war auf eintausend Schüler von Privatschulen begrenzt. Wills ging mit einigen Schulfreunden hin – selbstverständlich begleitet von zwei Mitarbeitern von Scotland Yard. Diese zusätzliche Schutzmaßnahme erwies sich dann auch als nützlich, da ein Mädchen nach dem anderen sich dem jungen Prinzen näherte, nicht nur, um ihn zum Tanzen aufzufordern, sondern um einen Kuß zu ›stehlen‹. Zur Enttäuschung der jungen Damen und zu Williams Ehre ließ er sich auf keins dieser Angebote ein.

Zum einen, weil er wohl viel zu verdattert war. Ein Augenzeuge berichtete später: »Ich glaube, er war schockiert, als Mädchen ihn fragten: ›Würdest du gern mit mir knutschen?‹« Zum anderen waren ihm die Konsequenzen eines solchen Kusses nur zu bewußt: Schlagzeilen.

Später erzählte er seiner Mom: »Viele Mädchen haben versucht, mich zu küssen, aber ich habe gar nichts gemacht, weil überall Kameras waren.«

Wills litt nicht etwa unter Verfolgungswahn. Es lauerten nicht nur Teleobjektive überall, auch die Telefonleitungen waren angezapft worden, um irgendwelchen Klatsch aufzuschnappen. Die Boulevardzeitung *The Sun* richtete sogar eine Hotline ein, damit jedes Mädchen, dem es gelang, einen prinzlichen Kuß zu ergattern, sofort darüber berichten konnte.

Als die offiziellen Vertreter der Queen sich jedoch später über diese aggressiven und indiskreten Methoden beschwerten, erklärte sich das Blatt bereit, keinen Klatsch dieser Art zu drucken.

Aber mit oder ohne gestohlene Küsse hatte William großen Spaß auf seiner ersten Tanzveranstaltung. Er sprang von einer Hüpfburg in die Menge und schlitterte durch den Seifenschaum, der die Tanzfläche bedeckte. Er lachte, tanzte – es heißt, er besäße ›Rhythmus‹ – alberte mit seinen Freunden herum und stellte sich sogar wie alle anderen um ein Glas Wasser an.

Prinz Williams Gesellschaftsleben beschränkt sich jedoch nicht auf Tanz und Partys. Er hatte auch schon einige – wenn auch von dritten arrangierte – Rendezvous, vornehmlich mit den Schwestern einiger seiner Freunde. Nicht, daß irgendeines dieser Rendezvous sehr romantisch gewesen wäre. Wie auch, mit allgegenwärtigen Leibwächtern?

## Die anstehenden jungen Damen

Was braucht es, um die Aufmerksamkeit des Prinzen zu erregen? Anscheinend haben die glücklichen privilegierten Mädchen, in deren Kreisen Wills bereits verkehrt, einen Vorsprung. Mit anderen Worten, es ist wahrscheinlicher, daß er – zumindest in seinem Alter – adeligen Mädchen begegnet, die ebenfalls Privatschulen besuchen und auf denselben Partys und Tanzveranstaltungen anzutreffen sind wie er. Mädchen, die entweder reich oder berühmt sind oder aber – besser noch – einen eigenen Titel haben. Eine Zeitlang waren Gerüchte im Umlauf, daß er Liebesbriefe mit Lady Lucy Gordon austausche, der siebzehnjährigen Tochter eines schottischen Earls, aber das war frei erfunden. Die falschen Gerüchte machten ihn verlegen und schockierten ihn.

Ein weiteres romantisches Gerücht beinhaltete zumindest ein Körnchen Wahrheit – insofern als das Mädchen, um das es ging, ihm tatsächlich begegnet war. Ihr Name ist Alex Miller, sie ist fünfzehn, und ihre Begegnung mit Prinz William war ebenso unschuldig wie nett.

Alex, weder mit einem Titel behaftet noch einer privilegierten Schicht angehörend, stand einfach vor der Kirche bei Sandringham, als William dort mit seiner Familie an einem

Gottesdienst teilnahm. Sie überreichte ihm einen Blumenstrauß und einen Zettel, auf dem stand, daß sie ihm nur das Beste im Leben wünsche.

Es heißt, Prinz William wäre sehr angetan gewesen von dieser schlichten, herzlichen Geste.

Natürlich stürzten sich die Zeitungen auf Alex, da *jede* potentielle Freundin von Prinz William von der Presse unter die Lupe genommen und förmlich seziert wird. ›Ist sie würdig, eines Tages unsere Königin zu sein?‹ lautet die unterschwellige Frage. Prinz Charles hat sich in Williams Alter immer wieder darüber beschwert, daß er nicht mit einem Mädchen ausgehen könne, ohne daß die ganze Nation seine Wahl gleich aus der Perspektive einer eventuellen späteren Krönung zur Königin analysierte.

Ganz offensichtlich hat sich seither nicht viel verändert.

Williams potentielle Freundinnen werden darüber hinaus der Prüfung seiner Familie standhalten müssen: vor allem jener Verwandten, die derzeit den Buckingham Palast bewohnen.

Und wenn eine bestimmte junge Dame in irgendeiner Weise nicht den Ansprüchen entspricht – oder dem, was für einen künftigen König als angemessen erachtet wird – wird man ihm wohl ernsthaft nahelegen, die Beziehung abzubrechen. Ein Experte formulierte es folgendermaßen: »Er kann mit Mädchen ausgehen, die er sich selbst aussucht, aber sie müssen aus angemessener Familie sein – andere Mädchen kommen erst gar nicht in Frage.«

Aber auch wenn William derzeit noch eingeschränkt ist in seiner Auswahl, muß das nicht unbedingt so bleiben. Und es heißt auch nicht, daß Wills sich nicht irgendwann in eine Frau verliebt, die nicht seinen gesellschaftlichen Kreisen angehört. Wenn er in seinem komplizierten Leben eins gelernt hat, dann, daß Geld, Privilegien und Titel allein nicht glücklich machen. Um Miss – oder Lady – Richtig zu finden, mag er durchaus seine Unabhängigkeit nutzen und sich außerhalb seines eigenen begrenzten Umfeldes umsehen.

Natürlich ist der Weg zu Williams Herz derselbe, ganz gleich, aus welchem Milieu ein Mädchen stammt. Prinz William gefallen Mädchen, die seine Interessen teilen, ebenso gerne lachen und Spaß haben wie er selbst und denen gegenüber er sich öffnen und seine Gefühle zeigen kann. Das wichtigste Kriterium aber ist einfach jenes, das ein Mädchen ihn aufrichtig um seiner selbst willen mögen muß – und nicht wegen seines Reichtums, seines Ruhms, seiner Abstammung und seiner Zukunft. Wills wird sehr vorsichtig sein bei

Mädchen und erst einmal ausloten, ob sie nicht vielleicht nur deshalb mit ihm ausgehen wollen, um später über ihn reden zu können oder um mit ihm gesehen zu werden und sich dadurch wichtig zu machen.

Ihn zu küssen und hinterher damit zu prahlen ist der sicherste Weg, sich seine Zuneigung zu verscherzen.

Aber viele träumen nicht nur davon, mit Prinz William auszugehen, sondern darüber hinaus von der Zukunft, die sich ergeben könnte, falls es zwischen ihnen ernster würde. Die glückliche Auserwählte kann vielleicht mit einer Traumhochzeit und dem einen oder anderen Titel rechnen: Prinzessin von Wales und eines Tages sogar Königin.

Ein Leben als Williams Ehefrau wäre zweifellos mit Privilegien verbunden: unvorstellbarer Reichtum, Glamour, Status, Begegnungen mit den berühmtesten Menschen der Welt, Besuche in den elegantesten Etablissements, Kleiderschränke mit unzähligen teuren Kleidern und natürlich Personal – Hausdiener, Butler, Zofen, Dienstmädchen und Gesellschafterinnen.

Aber wie William sehr wohl weiß, wird ein Leben an seiner Seite auch einige andere unabwendbare Dinge beinhalten: ständige Überwachung, ständige Kritik und allgegenwärtige Leibwächter.

Auf jeden Gratulanten kommen Hunderte

boshafte Stimmen, die kein gutes Haar an seiner Frau lassen; auf jedes traumhafte Foto in *Majesty* oder *Royalty* kommen vielleicht zehn wenig schmeichelhafte Posen in den Boulevardzeitungen; auf jedes tatsächlich gewährte Interview kommen noch mal so viele falsche Zitate und Fehlinterpretationen dessen, was tatsächlich gesagt wurde. Das ist der Preis des Ruhms.

Last but not least muß das Mädchen, das Prinz William heiratet, sich darüber im klaren sein, daß es auch eine Institution heiratet – die britische Monarchie.

Und so wie Prinzessin Diana es erfahren mußte, werden ihre Kinder mehr dieser Institution gehören als ihr selbst. Kurz, das Leben von Mrs. William Windsor, Anwärterin auf die Krone von England, wird ebenso kompliziert sein wie das seine.

Interessanterweise sind verliebte Teenager nicht die einzigen, die über Williams Wahl nachgrübeln. Auch eine britische Historikerin namens Linda Colley hat sich mit dieser Frage beschäftigt. ›Wen wird er heiraten?‹ fragte sie rhetorisch. ›Traditionell, werden königliche Bräute nach ihrer Nachgiebigkeit und ihrem Pflichtbewußtseins beurteilt.‹ Mit anderen Worten, die Mädchen, die von der Monarchie für gut befunden werden, sind in der Regel gesellschaftlich unerfahren, ohne eigenen Beruf, fern jeden Skandals und eher abhängig als unabhängig. ›Und so jemand ist in der heutigen Zeit nur schwer zu finden‹, konstatiert sie.

Was die Frage aufwirft: Wird William der Tradition folgen und eine Frau heiraten, die von seiner Familie gutgeheißen wird, ob er sie liebt oder nicht? Oder wird er einen mutigen Schritt in die Zukunft tun und aus Liebe heiraten, ob seine Auserwählte nun ›genehm‹ ist oder nicht? Warten wir's ab!

# Kapitel 11

## Meine drei Leben

Eine Konsequenz der Scheidung von Prinz Williams Eltern war die, daß sein Leben noch fragmentierter wurde denn je. In den Jahren nach der Trennung wurden er und sein Bruder Harry zwischen Prinz Charles und Prinzessin Diana hin und her gereicht. Und in letzter Zeit stellt noch jemand immer häufiger Ansprüche an ihn: die Krone selbst, in Gestalt seiner Großmutter Queen Elizabeth II. Williams offizielle Vorbereitung auf seine königliche Karriere wird erst beginnen, wenn er achtzehn ist, aber inoffiziell ist seine Ausbildung schon längst in vollem Gang.

Zweifellos ist Queen Elizabeth froh, daß Eton so nah bei ihrer Wochenendresidenz Windsor Castle liegt. Aufgrund der geringen Entfernung können Wills und seine Großmutter viel Zeit miteinander verbringen, und die Besuche haben in der letzten Zeit stark zugenommen. Aber diesen Besuchen liegt nicht nur der nachvollziehbare Wunsch einer

Großmutter zugrunde, ihren Enkel zu sehen. ›Die Königin fühlt sich für ihn verantwortlich‹, schreibt die Biografin ihrer Majestät, Sarah Bradford. ›So kommt es, daß William oft sonntags um sechzehn Uhr ganz allein mit der Königin Tee trinkt. Ein Wagen holt ihn ab, und sie verbringen ein paar Stunden miteinander, um sich über den Zustand der ›Firma‹ – als solche bezeichnet die Queen die Monarchie – und Williams Pflichten zu unterhalten.‹ Im Augenblick umfassen diese Pflichten wenig mehr als einen gelegentlichen öffentlichen Auftritt, die Abnahme einer Parade und offizielle Fototermine, aber William wird über jede Einzelheit informiert und darf sogar diesbezüglich einige eigene Entscheidungen treffen. Als William und Harry im vergangenen Jahr bei der alljährlichen VJ-Day-Parade anwesend waren, erwischte ein Fotograf sie dabei, wie sie mit einem ›Hat das Ganze bald ein Ende?‹-Ausdruck auf den jungen Gesichtern auf die Uhr sahen. Man geht davon aus, daß die Königin William bei seinen Besuchen unter anderem erklärt, daß auch wenn Langeweile durchaus vorkommen kann, er sie sich niemals anmerken lassen darf.

Königin Elizabeth und Prinz William verbringen auch viel Zeit damit, die Familiengeschichte zu studieren, eine Geschichte, die zufällig auch die Geschichte eines ganzen Landes ist. Indem sie ihm historische Briefe und Unterlagen zu lesen gibt, die von einstigen Königen und Premierministern aufgesetzt wurden, vermittelt Königin Elizabeth Wills einen sehr konkreten Eindruck seiner künftigen Rolle und Position.

Da ihr das verfassungsmäßige Recht zusteht, über seine Erziehung zu wachen, fühlt die Königin sich zweifellos auch berufen und berechtigt, William auf ungebührliches Verhalten aufmerksam zu machen – oder, was häufiger vorkommt, auf unpassende Kleidung. Sie hat dem Prinzen mehr als einmal erklärt, daß ihrer königlichen Ansicht nach Jeans, Sweatshirts und Baseballmützen unpassend seien für einen Thronerben. Und sie hat ihn schon mehrfach dafür gescholten, daß er seine Leibwächter abgehängt hat, ein ›Sport‹, den sie schlichtweg als gefährlich betrachtet.

Prinz William erhält bei seinen Aufenthalten in der Wochenresidenz seiner Großmutter, dem Buckingham Palast, jedoch auch mit Hilfe vertrauenswürdiger Vertreter des Personals, die ihren Beitrag zur Erziehung des künftigen Königs leisten, Lektionen in ›Führungsfragen‹. Diese zusätzliche Dimension seiner Erziehung wird zweifellos im Zuge der kommenden Jahre noch zunehmen. Experten waren sich schon nach Prinz Charles´ und Prinzessin Dianas Scheidung darüber einig, daß die Queen immer größeren Einfluß auf William nehmen würde. ›Langsam aber sicher wird die königliche Familie sein Leben vereinnahmen.‹

Wenn Wills in der Zeit vor Dianas Tod nicht in der Schule oder bei seiner Großmutter war, verbrachte er seine Zeit zu gleichen Teilen bei seinem Vater und seiner Mutter, wobei die Unterschiede zwischen den Aufenthalten bei den jeweiligen Elternteilen immer krasser wurden.

Wenn er bei seinem Vater ist, führt Prinz William im großen und ganzen das Leben eines hochrangigen englischen Landedelmannes. Die Schwerpunkte liegen bei Sport im Freien, konservativer Kleidung und Gourmet-Speisen, die von hauseigenem Personal frisch zubereitet werden. Mit anderen Worten, es gibt keine goldenen Mauern um Prinz Charles´ ländlichen Anwesen Balmoral in Schottland und Sandringham im Norden Englands. Vielmehr gibt es weite Moore, in denen der Prinz umherwandern kann, Flüsse zum Fischen, Wege zum Wandern und Reiten und viel Natur mit reichlich jagdbarem Feder- und Rotwild. Allgemein wird bestätigt, daß Wills nach wie vor ein hervorragender und leidenschaftlicher Schütze ist.

Seine Großmutter würde Williams Kleiderwahl, wenn er sich bei Prinz Charles aufhält, sicher gutheißen. Dort tauscht der junge Prinz Jeans und Sweatshirts gegen angemessene traditionelle Tweedanzüge und auf Hochglanz polierte Schuhe. Seinem Status entsprechend – und im Hinblick auf seine Zukunft – machte Williams Vater ihm ein wohl einzigartiges Geschenk zu seinem dreizehnten Geburtstag: einen persönlichen Hausdiener, das heißt, einen Diener, dessen Aufgabe darin besteht, sich um die Kleidung und andere persönliche Belange des Prinzen zu kümmern. Außerdem wird William ermutigt, sich ›erwachsen‹ zu benehmen, genauer, distanziert und reserviert zu bleiben, anstatt Gefühle zu zeigen. Es heißt, er wäre einer sehr strengen Disziplin unterworfen.

Bei den Mahlzeiten ist formelle Abendkleidung Pflicht, und gewöhnlich wird Wild serviert. Aber Charles ist auch bekannt für sein aufrichtiges Interesse an der Umwelt, und er baut seine eigenen Kräuter und sein eigenes Biogemüse an, das oft als Beilage zum Hauptgericht gereicht wird. »Ich glaube nun einmal daran, daß wenn man der Erde mit Liebe und Respekt begegnet, sie einem dies vergelten wird«, sagte Charles gegenüber dem *Time*-Magazin. Zweifellos hat er diese Meinung auch mit William geteilt.

Die Menschen, mit denen William und Harry an ihren ›Vater-Tagen‹ zusammen sind, sind dieselben, die schon seit mehreren Jahren eine wichtige Rolle im Leben der Jungen und ihres Vaters spielen. Seit der Scheidung ist Camilla Parker-Bowles ›offiziell‹ ein Teil von

Charles Leben, so daß auch William sie häufiger zu sehen bekommt. Tatsächlich wird immer noch darüber spekuliert, ob sie vielleicht eines Tages seine Stiefmutter wird. Tiggy Legge-Bourke ist inzwischen mehr eine Freundin als Kinderfrau und für William gewöhnlich auf Balmoral oder Sandringham erreichbar. Der Londoner *Sunday Times* gegenüber sagte sie: »Ich gebe den Prinzen, was sie brauchen – frische Luft, ein Gewehr und ein Pferd.« Es heißt, darüber hinaus würde William bei ihr auch eine Schulter zum Anlehnen finden. ›Sie versteht es, seine schlechte Laune zu vertreiben und ihn zum Lachen zu bringen‹, stimmen Experten zu.

Es wird wohl niemanden überraschen, daß es lockerer zuging, wenn die Prinzen sich bei ihrer Mutter aufhielten. Dort trugen sie statt Tweedanzügen lässige Designerklamotten, aßen Fastfood oder in trendigen Restaurants und durften sich natürlicher geben, Zuneigung zeigen, ihre Mutter küssen und umarmen.

Wenn sie nicht zu Hause im Londoner Kensington Palast waren, machten sie Urlaub an irgendeinem exotischen Urlaubsort, an einem sonnigen Sandstrand in der Karibik oder auf Pulverschneepisten in der Schweiz. Außerdem sahen sie sich alle neuen Kinofilme an und erledigten die lästigen Pflichten wie Arzt oder Zahnarztbesuche.

Schon in sehr jungen Jahren begleiteten

William und Harry Diana manchmal auf ihren Besuchen in Obdachlosenheimen und Krankenhäusern und kamen so mit den unterprivilegierten Menschen ihres Landes in Berührung. Diana erhoffte sich von diesen Besuchen, bei beiden Prinzen ›ein besseres Verständnis für die Emotionen, Ängste, Verzweiflung, Hoffnungen und Träume dieser Menschen zu wecken.‹

Welche Lebensweise hätte Wills sich wohl ausgesucht, wenn er die Wahl gehabt hätte? Es scheint offensichtlich, daß jeder Teenager seine ganze Freizeit lieber mit der lebhaften und doch sozial engagierten Diana verbracht hätte – aber Prinz William von Wales ist nicht nur irgendein Teenager. Und hätte er damals die Wahl gehabt, wäre ihm die Entscheidung sicher nicht leicht gefallen. Denn neben dem Gelächter, der Ausgelassenheit und dem ›Alltagskram‹ bei seiner Mutter, waren auch Kameras und endlose Publicity untrennbarer Bestandteil dieser Besuche. Diana mochte ihren Anspruch auf die englische Krone aufgegeben haben, aber sie war immer noch die am meisten fotografierte Frau der Welt. Wenn William bei ihr war, waren ihre Chancen auf Privatsphäre gering oder gar nicht existent.

Im Gegenzug bot und bietet ihm die förmlichere und steifere Atmosphäre bei seinem Vater auch eine Ruhepause vom Medienrummel. Die Kameras verfolgen Charles nicht in dem Maße, wie es bei Prinzessin Diana der Fall war. Das heißt, daß Wills bei Charles weitgehend sicher ist vor neugierigen Blicken, etwas, was er ganz offensichtlich immer genossen hat. Ein Fotograf bemerkte hierzu einmal: »William ist bei Charles glücklicher. Man erkennt den Unterschied rein körperlich – er ist viel entspannter; die Beziehung ist ganz offensichtlich leichter für ihn. Ist William hingegen bei Diana, hält er die ganze Zeit über den Kopf gesenkt.«

William fühlte sich zweifellos zwischen beiden Elternteilen hin und her gezogen. Er liebte und respektierte seinen Vater und hatte ehrlich Spaß bei ihren gemeinsamen Unternehmungen. Auf der anderen Seite liebte er seine Mutter sehr und fühlte sich dazu noch berufen, sie zu beschützen. Hinzu kam, daß er, einmal abgesehen vom Scheinwerferlicht, die coolen Ferien und die lässigere Atmosphäre bei Diana durchaus zu schätzen wußte. Zwar sollte William sich nie zwischen beiden entscheiden müssen, aber es hat ihn zweifellos sehr belastet, daß seine Eltern sich bis zu Dianas tragischem Tod öffentlich bekämpft haben: so äußerte Diana sich beispielsweise abfällig über Tiggy Legge-Bourke, die daraufhin einen Prozeß gegen die Prinzessin anstrengte.

Am schlimmsten mußten für William die Weihnachtsferien sein. Die Tradition verpflichtete ihn, diese zusammen mit der Königsfamilie auf Sandringham zu verbringen. Obgleich Diana in jedem Jahr eingeladen war, nahm sie aufgrund der Streitigkeiten nicht immer an den Feierlichkeiten teil. Es muß William geschmerzt haben, seine Mutter bei diesem Fest nicht um sich zu haben, und noch schmerzlicher muß es für Diana gewesen sein, ihn und Harry nicht bei sich zu haben. »Es setzt ihr sehr zu, nicht bei den Jungen zu sein«, erzählte eine Freundin.

Prinz William kann seinem Schicksal nicht entfliehen, und wer weiß? vielleicht wird er es eines Tages sogar begrüßen. Alles, was er bei seiner Großmutter und seinem Vater lernt ist unverzichtbar, wenn er die stolze Tradition der Monarchie aufrechterhalten möchte. Und doch wird ihm all das, was er von seiner Mutter gelernt hat, dazu verhelfen, ein verständnisvollerer Monarch zu sein, der den einfachen Menschen, die er eines Tages regieren wird, näher steht. Während die ›Charles-Fraktion‹ der Überzeugung war, daß Dianas Einfluß mit der Zeit abnehmen und William sich mehr und mehr den Windsors annähern würde, konterten die Anhänger der Prinzessin: ›Diana will Wills dem Hause Windsor gar nicht entfremden; sie möchte ihm nur eine zusätzliche Perspektive vermitteln.‹

Die Geschichte wird zeigen, wie sich William weiter entwickeln wird. Der Tod Dianas hat jedoch unzweifelbar ein tiefes Loch in sein Leben gerissen, und es wird noch lange brauchen, bis er ihren Tod verkraftet haben wird.

# Kapitel 12

## Ein Rendezvous mit dem Schicksal

Wie wird die Zukunft von Prinz William von Wales aussehen?

Nur zweierlei ist sicher: College und Königreich. Über alles, was zwischen diesen beiden Meilensteinen liegt, kann nur spekuliert werden.

Williams nähere Zukunft ist einfacher vorherzusehen. Er wird noch weitere drei Jahre in Eton bleiben. Er fühlt sich recht wohl dort und macht sich langsam auf akademischer, gesellschaftlicher und sportlicher Ebene. Dann wird er sich wie viele College-Absolventen eine Universität aussuchen, an der er studieren möchte.

Während viele Nachkommen aus adeligen oder königlichen Familien in den USA studieren, ist höchst unwahrscheinlich, daß Wills dies tun wird, nicht zuletzt weil die Queen es sehr mißbilligen würde, wenn er so viel Zeit außer Landes verbrächte. Viel wahrscheinlicher ist, daß er daheim bleibt und entweder in Trinitiy oder in Oxford studiert, den beiden angesehensten und ältesten Universitäten Großbritanniens.

Was nach seinem Studienabschluß geschehen wird, ist weniger sicher. Einer alten Tradition folgend treten die Thronerben der Navy bei und leisten dort mehrere Jahre Wehrdienst. Williams Großvater, sein Vater und sein Onkel Andrew sind alle dieser Tradition gefolgt, wenn auch mit unterschiedlichem Erfolg: Während Prinz Philip und Prinz Andrew sich mühelos einfügten, haßte Charles seine Zeit bei der Marine. Als Kind war William fasziniert von militärischem Prunk, Pomp und Uniformen, aber seit einigen Jahren scheint er bei weitem nicht mehr so begeistert von der ganzen Reglementierung. Das Magazin *Majesty* berichtete, William habe seiner Mutter anvertraut, daß er auf gar keinen Fall zur Navy wolle. Aber noch hat er ja einige Jahre Zeit, es sich zu überlegen, und es ist durchaus möglich, daß er seine Meinung noch ändert.

Was nach dem möglichen Militärdienst geschieht, ist sogar noch unsicherer. Immerhin ist es ja nicht so als müßte Prinz William losziehen und sich einen Job suchen. (Natürlich wartet in Zukunft einer auf ihn.) Und er braucht auch seinen Lebensunterhalt nicht zu verdienen. Tatsächlich scheint seine Hauptbeschäftigung in der Zukunft aus Warten zu bestehen: das Warten auf den Thron, auf sein Rendezvous mit dem Schicksal. Aber er braucht nur seinen Vater anzusehen, um zu wissen, daß es eine sehr lange Wartezeit werden kann.

In der Zwischenzeit wird Williams Leben, wie er es kennt, im großen und ganzen so weiterlaufen wie bisher. Jedoch kann er mit noch mehr prinzlichen Vorzügen, Privilegien und Freuden rechnen, aber er wird auch mit noch größerer Aufmerksamkeit seitens der Medien rechnen müssen.

Je älter William wird, desto eher muß er darauf gefaßt sein, in der Presse ins Kreuzfeuer der Kritik zu geraten: Je mehr er sich dem Mannesalter nähert und den Kinderschuhen entwächst, desto mehr werden die Pressevertreter die Samthandschuhe abstreifen, mit denen sie den Prinzen bislang aufgrund seines Alters angefaßt haben. Mit jeder impulsiven Äußerung oder Geste – ganz zu schweigen von einer Tat – wird er sich vermutlich aufs Glatteis begeben. Und auch wenn er schweigt, wird man ihn weiter analysieren, wird seine Zukunft Gegenstand endloser öffentlicher Debatten sein.

Selbstverständlich wird man ihm, wenn er älter wird, auch in größerem Umfang könig‑

liche Pflichten übertragen. Er wird selbst Reisen unternehmen, Reden halten, Krankenhäuser besuchen, Truppen inspizieren und sein Bestes versuchen, die Krone ehrenvoll zu vertreten und darum bemüht sein sich als würdiger Repräsentant für die britische Monarchie zu erweisen, noch bevor er den Thron besteigt.

Natürlich ist das das Thema, über das am meisten debattiert wurde. Seit der Streit seiner Eltern publik wurde und sie sich 1992 getrennt haben, sind die Stimmen, die sich um die Heiligkeit des Thrones sorgen, lauter geworden.

Obgleich die Wogen nach der Scheidung von Prinz Charles und Prinzessin Diana geglättet wurden, fragen sich immer noch viele, ob Prinz William nicht wirklich eine Generation überspringen und an seiner Vaters statt den Thron besteigen sollte.

Es gibt viele Gründe für diese Spekulationen. Zwar verbietet die britische Verfassung nicht, daß ein geschiedener Mann König wird, aber dies ist 1540 das letzte Mal vorgekommen. Problematischer als Prinz Charles' Status als Geschiedener ist die Möglichkeit einer zweiten Heirat. Leider spricht vieles gegen Camilla Parker-Bowles, die Frau, die er immer geliebt hat. Möglicherweise hindert, Prinz Charles das daran, König zu werden, falls er sie tatsächlich heiraten sollte.

So wie die Dinge heute stehen – und daran hat auch Dianas Tod nichts geändert – gibt es Schwierigkeiten auf religiöser Ebene. Bei Königin Elizabeths Tod wird Charles automatisch zum Oberhaupt der Church of England, einer sehr großen politischen und geistigen Macht in Großbritannien. Eine Wiederverheiratung würde der Kirche widerstreben, da sie keine Geschiedenen traut. Während Charles dieses Problem umgehen könnte, indem er in der Church of Scotland, einer weniger strengen Kirche, heiraten würde, würde dies nichts an einem anderen, sehr wichtigen Faktor ändern: der öffentlichen Meinung. Bis Ende 1996 zeigten Umfragen, daß die große Mehrheit der Briten strikt gegen eine Königin Camilla wäre – es stand 5 zu 1 gegen Charles' Geliebte. Warum sollte es Prinz Charles kümmern, was andere denken? Experten sagen hierzu: »Die Monarchie ist von der Akzeptanz der Öffentlichkeit abhängig. Würde Charles Camilla vor seiner Krönung heiraten, wäre durchaus möglich, daß sich die Öffentlichkeit vehement seiner Thronbesteigung widersetzt, und dann wäre er praktisch gezwungen, das Feld zu räumen.«

Jedoch wurden kürzlich von der Königsfamilie selbst Reformen vorgeschlagen, die es Charles erleichtern könnten, Camilla zu heiraten und trotzdem König Charles zu werden. Die Vorschläge sind erstaunlich. Sie beinhalten auch eine Änderung des Erbfolgegesetzes, wonach erstgeborenen Töchtern dasselbe Recht auf den Thron eingeräumt werden soll wie erstgeborenen Söhnen – mit anderen Worten, Mädchen würden von einem jüngeren Bruder nicht länger von ihrem Platz als Thronerbin verdrängt werden. Auch soll Monarchen gestattet werden, jemanden römisch-katholischen Glaubens zu heiraten (was bisher nicht möglich war), wodurch sie nicht mehr automatisch zum säkularen Oberhaupt der anglikanischen Kirche würden. Schon das allein würde Charles ein Riesenhindernis aus dem Weg räumen. Und was Mrs. Parker-Bowles betrifft, scheint auch sie erste Schritte zu unternehmen, um die Gunst der Öffentlichkeit zu gewinnen – sie hat eine PR-Gesellschaft damit beauftragt, ihr Image aufzupolieren. Ein Beobachter hat es sehr unverblümt formuliert: »Charles hat nicht die Absicht zu heiraten, wenn er dafür die Krone opfern muß.«

Und doch ist manch einer der Ansicht, daß die Zeit sein größer Feind ist. Prinz Charles ist bereits achtundvierzig, und seine Mutter erfreut sich immer noch bester Gesundheit. Es besteht kein Grund zu der Annahme, daß sie nicht noch weitere zwölf Jahre regieren wird. Kürzlich hat sich die Monarchie jedoch selbst eben dieses Themas angenommen. Es wurde ein Fünfjahresplan verkündet, offensichtlich um Prinz Charles zu gestatten, die Gunst des britischen Volkes wiederzuerlangen. Es wurde angekündigt, daß Queen Eliuzabeth im Jahre 2002 zugunsten ihres Erstgeborenen abdanken werde: nach exakt fünfzig Jahren auf dem Thron. Charles seinerseits wird bis dahin dreiundfünfzig sein, nicht mehr sehr jung, aber auch nicht zu alt für die Thronbesteigung. Wenn es soweit ist, steigt Prinz William offiziell zum Prinzen von Wales auf und ist mit neunzehn Jahren vor dem Gesetz volljährig und somit alt genug, einzuschreiten, falls die Herrschaft seines Vaters nur von kurzer Dauer wäre oder es gar nicht erst zur Thronbesteigung käme.

Im Augenblick ist William um vieles populärer als sein Vater. Trotz der Kontroverse um seine Jagdleidenschaft genießt er praktisch weltweit große Sympathie. In den Top Ten des *Time*-Magazins für ›Medienpräsenz 1996‹ rangierte William in der Rubrik »Internationale Angelegenheiten« erstaunlicherweise ganz oben neben Papst Johannes Paul II. und Boutros-Ghahli, damaliger Generalsekretär der Vereinten Nationen. Prinz Charles war nicht einmal aufgeführt.

Edward Pilkington, ein Journalist, der speziell über die Royals berichtet, meint: »Die Monarchie braucht jemanden, der sich ebenso großer Beliebtheit erfreut wie Diana – und ich denke, das wird bei William eines Tages der

Falls ein. Und sie braucht jemanden, der bereit ist, Neuerungen einzubringen und sie mit anderen Institutionen des nächsten Jahrhunderts gleichzusetzen.«

In dieser Hinsicht könnte das, was William von seiner Mutter gelernt hat – weniger traditionsgebunden, aber dafür volksnaher – sich als mindestens ebenso kostbar erweisen wie die historische, traditionsgebundene Ausbildung, die ihm seine Familie väterlicherseits angedeihen läßt.

Im Juni 1996 schrieb *Time*: ›Wills wird eine entscheidende Rolle spielen bei der Ummodelung der Monarchie im kommenden Jahrhundert. Er kann sich keinen Ausrutscher leisten.

Die Last ist gewaltig, aber wenigstens ist er von kräftigen frischen Winden des Goodwill umgeben.

Möglicherweise ist er der beständige Monarch, der so dringend gebraucht wird, um eine unter Beschuß geratene und doch kostbare Institution zu erhalten.‹

Sollte sich diese Vorhersage als zutreffend erweisen – daß ein Junge, der inmitten der instabilen Beziehung seiner Eltern aufgewachsen ist, sich als außergewöhnlich stabiler Führer entpuppt – wäre dies wohl eine nicht zu übersehende Ironie des Schicksals.

Ein anderer Punkt ist natürlich der, daß William vielleicht gar nicht König werden möchte und sich auch dementsprechend geäußert hat. In einem Artikel des *Royalty*-Magazins hieß es: ›Prinz William hat seinen Eltern mitgeteilt, daß er nicht König werden möchte. Freunde der Prinzessin von Wales berichten, daß William sich seinen Eltern gegenüber dahingehend geäußert habe. Sein Vater hätte überrascht reagiert, während seine Mutter ihrem Sohn versichert habe, ihn in allem zu unterstützen, wofür auch immer er sich entscheide.‹

Dieses Zitat machte rund um die Welt Schlagzeilen. Weniger hervorgehoben wurde, daß Prinz William noch sehr jung war, als er diese Aussage machte, und er es sich möglicherweise inzwischen längst anders überlegt hatte.

Tatsächlich versicherte der ursprüngliche Artikel besorgten Monarchieanhängern, daß ›Charles und Diana beide der Ansicht sind, man solle sich diesbezüglich keine allzu großen Sorgen machen; beide halten dies für eine vorübergehende Phase.‹ Jedoch wurde darauf hingewiesen, daß auch wenn William auf seiner Ablehnung beharre, er dennoch gekrönt werden – und dann abdanken – müsse.

Würde das das Ende der britischen Monarchie bedeuten? Zweifelhaft. Trotz der Skandale, der Fehltritte und des allgemein schlechten Benehmens in den vergangenen zwei Jahrzehnten glaubt die große Mehrheit der Briten immer noch an diese Institution. Nach einer historischen öffentlichen Debatte zum Thema ›Für oder gegen den Erhalt der Monarchie?‹ im Januar 1997 sprach sich eine überwältigende Mehrheit für den Erhalt der grandiosen historischen Tradition aus. Mit oder ohne Wills, die Monarchie würde erhalten bleiben. Immerhin ist da noch Williams kleiner Bruder, Prinz Harry.

## Was macht ein König?

Als König wird William den altehrwürdigen englischen Thron besteigen. Was genau wird seine Aufgabe sein? Welche Macht wird er inne haben? Experten und dem Autor Donald Spotto zufolge, werden seine Aufgaben umfangreich und seine Macht groß sein. Es gibt innerhalb des Commonwealth zweihundertsiebzig Millionen Untertanen, die William mit Seine Majestät anreden werden. Obgleich in der britischen Verfassung garantiert wird, daß der König ( oder die Königin) keine direkte politische Macht besitzt, genießt er unfaßbare Autorität. König William V. wird formell alle Sitzungen des Parlaments eröffnen und eine Rede halten zum Thema ›Was meine Regierung im kommenden Jahr tun

Schon früh wies Prinzessin Diana ihren Sohn in seine zukünftigen Pflichten als König ein.

›Nur keine Angst!‹ scheint Prinzessin Diana William zuzuflüstern.

Prinz William be
einer seine
Lieblingssportarter
Ruder

Seine Sportkameraden behandeln Prinz William wie einen der ihren - eine wohltuende Abwechslung für den jungen Thronfolger.

In Stunden der Erholung und Ruhe schöpft Prinz William Kraft aus der Erfahrung seines Vaters, Prinz Charles.

Die unbeschwertesten Stunden konnten die Brüder mit Prinzessin Diana verbringen.

Prinz William bei einem offiziellen Auftritt an der Seite seiner Urgroßmutter.

Der Thronfolger am Tag seiner Konfirmation,
9. März 1997.

Der bisher schwerste Tag im Leben des jungen Prinz William: Trauerfeier und Beisetzung seiner geliebten Mutter.

Prinz William, ein junger Mann, der weiß, welche Verantwortung auf seinen Schultern ruht.

wird.‹ William wird das Recht haben, sich mit jedem und allen führenden Politikern des Landes zu besprechen und ihnen nach eigenem Gutdünken zu raten und sie anzuweisen. Er wird das Recht haben, jedes Parlamentsmitglied aufzufordern, eine Regierung zu bilden, sowie das Parlament selbst einzuberufen und aufzulösen.

Unter bestimmten Umständen kann er im ganzen Land den Notstand ausrufen, Milizen aufstellen und bestehende bewaffnete Streitkräfte befehligen: alle Mitglieder sämtlicher Abteilungen des Militärs müssen schwören, nicht ihrem Land, sondern ihrem Monarchen treu zu dienen.

Aber noch wichtiger ist vielleicht, daß er über der oft kontroversen Politik stehen und die Einheit seines Landes symbolisieren wird. Sein Porträt wird Englands Geldmünzen und -scheine zieren, sowie die Währung zahlreicher anderer Länder des Commonwealth.

Wills mag heute in Boulevardblättern und Zeitungen stehen; eines Tages wird seine Herrschaft als König William V. in Geschichtsbüchern analysiert werden. Seine Großmutter, Queen Elizabeth II, mag fünfzig Jahre regieren – Williams Amtszeit könnte ebenso lange und sogar noch länger währen.

Die Geschichte des Prinzen von Wales beginnt erst.

## Faktenübersicht

**Vollständiger Name:** William Arthur Philip Louis Windsor
**Allgemein bezeichnet als:** Prinz William
**Wird eines Tages bekannt sein als:** Seine Königliche Hoheit, der Prinz von Wales (wenn sein Vater zum König gekrönt wird)
**Später wird die korrekte Bezeichnung lauten:** Seine Majestät König William V.
**Geboren in:** St. Mary´s Hospital, Paddington, London
**Geboren am:** 21. Juni 1982
**Sternzeichen:** Zwilling
**Haarfarbe:** blond
**Augenfarbe:** blau
**Größe:** 175 cm
**Eltern:** Seine Königliche Hoheit Prinz Charles von Wales und Prinzessin Diana
**Großeltern:** Ihre Majestät Königin Elizabeth II.; der Duke von Edinborough, Philip Mountbatten; und mütterlicherseits Frances Shand Kydd und der verstorbene Lord Spencer.
**Urgroßeltern:** Die Königinmutter, Elizabeth

Bowes-Lyon (allgemein nur als Queen Mum bezeichnet) und der verstorbene König George VI.

**Bruder:** Prinz Henry Charles Albert David Windsor, Rufname Harry, geboren am 15. September 1984

**Andere berühmte Verwandte:** Seine Onkel Prinz Andrew und Prinz Edward; seine Tanten Sarah Ferguson und Prinzessin Anne; sein Cousin Peter und seine Cousine Zara Phillips; die Prinzessinnen Beatrice und Eugenie

**Werden seine Verwandten ihm weiter Peinlichkeiten bereiten?** Scheint so. Die meisten von Williams Verwandten haben eine in der Öffentlichkeit breitgetretene, unschöne Scheidung hinter sich.

**Haustiere:** Ein Labrador namens Widgeon (nach einer Wildentenart benannt)

**Die Zuhause des Prinzen:** Kensington Palace (den seine Mutter bewohnt hat) und die Anwesen Highgrove und Balmoral (wo sein Vater gewöhnlich anzutreffen ist). Darüber hinaus ist Wills bei seiner Großmutter im Buckingham Palast, auf Windsor Castle und dem Anwesen Sandringham willkommen.

**Schulen:** Mrs. Mynor's Nursery School (Kindergarten), von 1985-1987; Wetherby School von 1987-1990; Ludgrove School von 1990-1995; Eton College von 1995-2000 (voraussichtlich).

## Des Prinzen Hitliste:

**Essen:** Hamburger, Pommes Frites, Pizza, Nudeln, Schokolade, aber auch das Biogemüse seines Vaters aus eigenem Anbau, Eier von Freilandhühnern und Wild.
**Getränk:** Cola
**Bands:** Pulp, Spice Girls
**Sportarten:** Skilaufen, Tennis, Fußball, Hockey, Schwimmen, Angeln, Jagen
**Spaß:** Videospiele
**Ferien:** Disney World
**Schwarm:** Pamela Lee Anderson, Cindy Crawford
**Verborgenes Talent:** William ist ein recht begabter Künstler. Seine Bleistiftzeichnung eines Steinhauses wurde bei einer Kunstausstellung in Eton ausgestellt.
**Bisher größte Leistung:** Nicht den Verstand zu verlieren, als die Ehe seiner Eltern in die Brüche ging und seine Mutter so unerwartet starb.
**Größter Fehler:** Neigt dazu, sich selbst ein bißchen zu ernst zu nehmen.

## Hätten Sie's gewußt?

**Historisches Detail:** Seit George III. George II. vor zweihundert Jahren auf dem Thron abgelöst hat, ist es in England nicht mehr vorgekommen, daß der erstgeborene Sohn eines erstgeborenen Sohnes zum König gekrönt wurde.

**Kleinste bekannte Randerscheinung:** Das Königshaus verlangt, daß wenn Mitglieder der Königsfamilie auf Reisen sind, ihnen separate Toiletten zu ihrer alleinigen Benutzung zur Verfügung gestellt werden.

**Schreibkram:** Wills ist Linkshänder

**Seine Mutter über ihn:** ›Er ist sehr nachdenklich.‹

**Sein Vater über ihn:** ›Er tut mir leid‹

*The Royal Line von Queen Victoria bis zur Gegenwart*

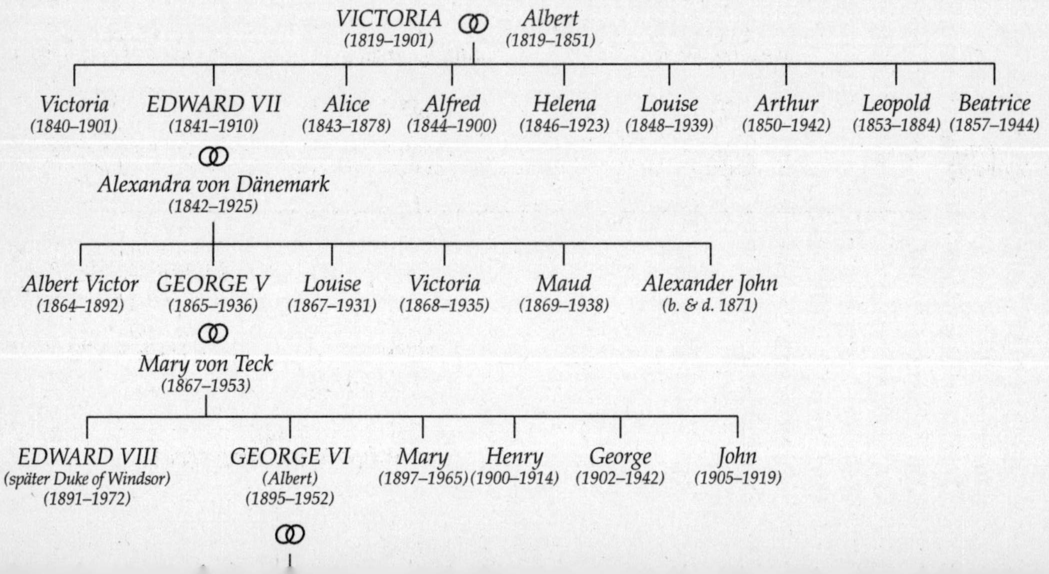

# FAKTENÜBERSICHT

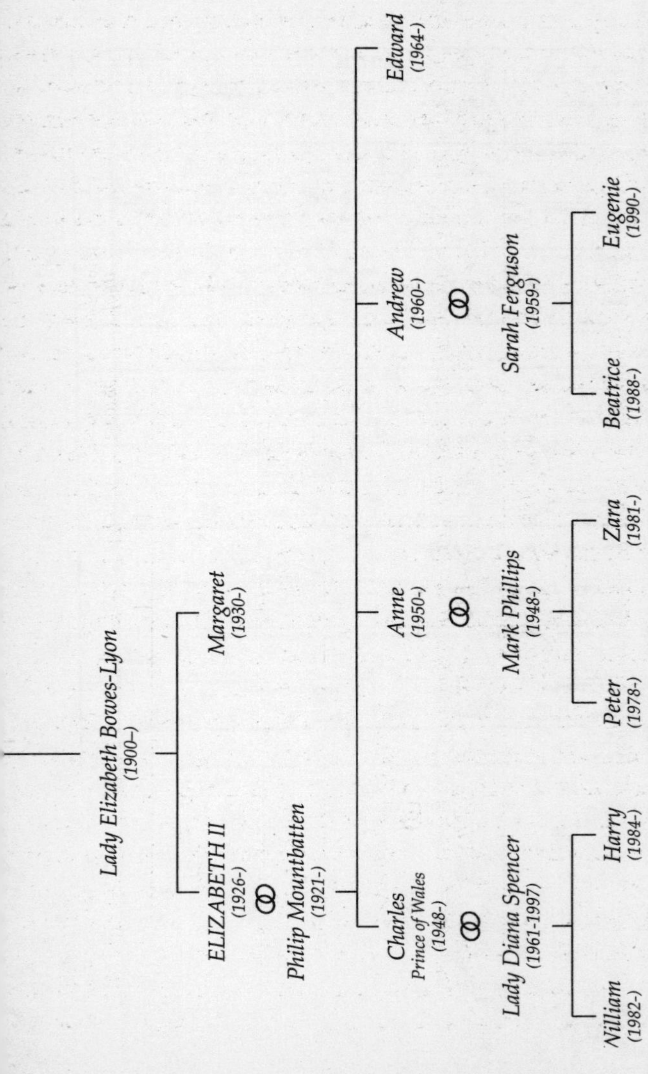

| NHS Number LSBSS 115 | **BIRTH** | Entry No. **115** |
|---|---|---|

Registration district: Westminster

Sub-district: Westminster

Administrative area: City of Westminster

**CHILD**

1. Date and place of birth: Twenty first June 1982, St. Mary's Hospital Praed Street Westminster

2. Name and surname: His Royal Highness Prince William Arthur Philip Louis

3. Sex: Male

**FATHER**

4. Name and surname: His Royal Highness Prince Charles Philip Arthur George Prince of Wales

5. Place of birth: Westminster

6. Occupation: Prince of the United Kingdom

**MOTHER**

7. Name and surname: Her Royal Highness The Princess of Wales

8. Place of birth: Sandringham Norfolk

9. (a) Maiden surname: SPENCER

(b) Surname at marriage if different from maiden surname: —

10. Usual address (if different from place of child's birth): Highgrove Near Tetbury Gloucestershire

**INFORMANT**

11. Name and surname (if not the mother or father): —

12. Qualification: Father

13. Usual address (if different from that in 10 above): —

14. I certify that the particulars entered above are true to the best of my knowledge and belief

Charles ............ Signature of informant

15. Date of registration: Nineteenth July 1982

16. Signature of registrar: Jean V. Dobbs Registrar

17. Name given after registration, and surname

# Nachwort

## Der traurigste Tag seines Lebens: der 30. August 1997

Es war nicht ungewöhnlich, daß William und Harry das Ende der Sommerferien bei ihrem Vater, Prinz Charles, verbrachten, und das taten, womit sie sich sonst auch die Zeit auf Balmoral Castle vertrieben: Angeln, Wandern und Jagen.

Die Abende waren ausgefüllt mit offiziellen Mahlzeiten und der Unterhaltung mit Gästen ihres Vaters, die wie er selbst Repräsentanten ihres Staates waren, Politiker und einflußreiche Geschäftsleute.

Jeden Sonntag nahmen William und Harry zusammen mit Charles und ihren Großeltern am Gottesdienst in der nahegelegenen Crathie Church teil. Manch einer mag diese Art von Ferien spießig und langweilig finden. Sie waren völlig anders als die Art von Urlaub, wie die beiden Jungs ihn gewöhnlich mit ihrer Mutter, Prinzessin Diana, verbrachten, aber trotz allem genossen die jungen Prinzen ihre Zeit auf Balmoral, vor allem in diesem Jahr.

Zum einen hatten sie sich an eine neue Routine gewöhnt, jetzt da ihre Eltern offiziell geschieden waren. Sie hatten einen Terminplan, auf den sie sich verlassen und sogar freuen konnten, da ihre Zeit zu gleichen Teilen zwischen Charles und Diana aufgeteilt war. Und die Beziehung zwischen ihren Eltern hatte sich endlich etwas entspannt. Sie kommunizierten – zuweilen sogar herzlich – miteinander, vor allem, wenn es um ihre Söhne ging.

Ein weiterer Grund, weshalb William und Harry ihren Urlaub auf Balmoral schätzten, waren der Frieden und die Privatsphäre, die sie dort genossen. Das Anwesen war abgeschieden und gut bewacht. Gelegentlich gewährten die Windsors einem offiziellen Pressevertreter in dieser Zeit einen Fototermin.

Wer konnte ahnen, daß die aktuellste gestellte Aufnahme von William, Harry und Charles, aufgenommen Ende August 1997 beim Wandern entlang des River Dee auf Balmoral, in Zeitschriften und Zeitungen auf der ganzen Welt abgedruckt werden würde?

Da der Gottesdienst erst um elf Uhr abgehalten wurde, müssen William und Harry sofort gewußt haben, daß etwas nicht stimmte, als sie am Sonntag, den 31. August, früher als üblich geweckt und aufgefordert wurden, sich sofort anzukleiden.

Was genau nicht stimmte, erfuhren sie, als sie exakt um sieben Uhr fünfzehn in ein Privatzimmer geführt wurden, in dem ihr Vater sich ganz allein aufhielt.

Der Ausdruck auf Charles´ Gesicht verriet ihnen, daß worum auch immer es gehen mochte, es sich um eine sehr schlechte Nachricht handelte.

Prinz Charles platzte nicht gleich mit der Neuigkeit heraus. Zeitungsberichten zufolge versuchte er, den Schlag abzumildern. Er erklärte William und Harry zuerst, daß er und Diana sie beide sehr lieb hätten. Dann teilte er ihnen mit, daß Prinzessin Diana am späten Samstagabend in Paris in einen schweren Autounfall verwickelt gewesen sei. So einfühlsam wie möglich brachte Prinz Charles William und Harry bei, daß die französischen Ärzte sie trotz aller Bemühungen nicht hätten retten können und die geliebte Mutter ihren Verletzungen erlegen sei. Die jungen Prinzen müssen einen Schock erlitten haben. Sie sollten noch am selben Tag nach London fliegen, wohin auch Dianas sterbliche Überreste überführt werden würden.

Wie genau William und Harry auf die Nachricht reagiert haben, wissen nur sie selbst und Prinz Charles: immerhin war dies der wohl privateste Moment in ihrem Leben. Aber nur wenig aus ihrem Leben ist je privat geblieben, und die Ereignisse der folgenden Woche fanden tatsächlich im grellen Licht der Öffentlichkeit statt.

So bekam die Öffentlichkeit William und Harry sogar schon wenige Stunden, nachdem den Jungen die erschütterndste Nachricht ihres Lebens überbracht worden war, zu sehen,

Das lag daran, daß sie wie gewöhnlich am Sonntagsgottesdienst teilnahmen. Die von Schmerz gezeichneten Gesichter der jungen Prinzen und ihres Vaters wurden durch die Scheibe ihrer chauffierten Limousine fotografiert, und es heißt, die Jungen seien während der Messe sehr still gewesen.

Ob William oder Harry tatsächlich selbst in die Kirche wollten, wird man wohl nie erfahren – aus Insiderkreisen wurde berichtet, ihre Großmutter, Queen Elizabeth, hätte darauf bestanden, daß sie dem königlichen Protokoll folgten und am Gottesdienst teilnahmen.

Wenn dem so war, sollte es einer der letzten Punkte sein, in denen William sich den Tod seiner Mutter betreffend dem königlichen Protokoll unterwarf.

Denn obgleich ihn kein Journalist interviewte – und es kann lange dauern, ehe ein Reporter dies wagt –, sind einige Einzelheiten an die Öffentlichkeit gedrungen.

Alles deutet darauf hin, daß William seine

ersten, frühen Schritte als ein Mann gemacht hat, der seinem Herzen folgt, alten königlichen Bräuchen zum Trotz. Seine Mutter wäre stolz auf ihn gewesen.

Berichten zufolge wollte William bereits gegen die Tradition verstoßen, indem er darum bat, seinen Vater nach Paris begleiten zu dürfen, um Dianas Leichnam heimzuholen. Obgleich Prinz Charles sein Veto einlegte – weniger aus protokollarischen Gründen, als vielmehr um seinem Sohn die traurigste Aufgabe von allen zu ersparen – sollten Williams Wünsche die Beerdigung betreffend von da an ernsthaft berücksichtigt werden.

### Die Welt trauert um die Prinzessin des Volkes

Im Anschluß an den öffentlichen Gottesdienst teilte Prinz Charles William und Harry mit, daß er in ein paar Stunden zurück sein werde. Dann bestiegen er und Prinzessin Dianas Schwestern, Lady Sarah McCorquodale und Lady Jane Fellows, ein Privatflugzeug, um Dianas sterbliche Überreste nach London zu holen.

Sie sollte in der Chapel Royal des St. James´ Palastes aufgebahrt werden.

Hiernach zog sich die königliche Familie zurück. Sie kehrte nicht nach England zurück, sondern blieb auf Balmoral in Schottland. Sie befahl nicht, die Flagge vor der Residenz der Königin, dem Buckingham Palast, auf Halbmast zu setzen.

Sie kommunizierte nicht mit den Menschen in Großbritannien oder sonstwo auf der Welt. Sie benahm sich genauso wie jede Familie, die von einer Tragödie heimgesucht wird.

Die Welt jedoch reagierte völlig anders. Obgleich Diana nach der Scheidung 1996 ihren Titel verloren hatte, erwarb sie sich ganz allein den Titel Prinzessin des Volkes. Und als solche wird sie den Menschen auch im Gedächtnis bleiben.

Auf der ganzen Welt reagierten die Menschen sofort und in unglaublicher Anteilnahme auf die Nachricht ihres schockierenden und sinnlosen Todes. Noch an dem Morgen, da die Nachricht bekanntgegeben wurde, pilgerten Tausende und Abertausende erschütterter Trauernder zum Kensington und Buckingham Palast. Überall auf der Welt kam es zu Trauerbekundungen und spontanen Sympathiebezeugungen für die verstorbene Prinzessin.

Blumensträuße wurden hüfthoch und mehrere Blocks weit vor den Toren des Kensington Palastes abgelegt; Blumen begruben die schmiedeeisernen Tore der königlichen Anwesen Highgrove House, Buckingham Palace und Balmoral Castle.

Ein Meer von Blumen, begleitet von handschriftlichen Trauerbekundungen veranschaulichte die aufrichtige Erschütterung der Menschen, deren Leben Diana berührt hatte. Es versammelten sich so viele Menschen vor den Toren der königlichen Residenzen, daß es schien, als wäre ganz England auf den Beinen. Ihre Trauer mit anderen zu teilen, brachte ihnen offenbar ein wenig Trost. Menschen aller Gesellschaftsschichten, reich und arm, jung und alt, reisten von nah und fern an, um ihre Trauer zu bekunden, um Abschied zu nehmen. Auch wenn sie nicht gestorben wäre, wäre Diana nie Königin von England geworden; aber sie war bereits die Königin der Herzen.

Eine solch umfassende spontane Zuneigungsbekundung hat die Welt nur selten erlebt; nur Prinzessin Grazia von Monaco und Präsident John F. Kennedy, zwei Ikonen unserer Zeit, wurde nach ihrem tragischen Tod in solch überwältigendem Ausmaß die letzte Ehre erwiesen.

Schließlich konnte die Monarchie die Welle der Trauer und Liebe nicht länger ignorieren. Nach mehreren Tagen wurde die Tradition gebrochen. Wie großen Einfluß mag William auf die Ereignisse der folgenden Tage gehabt haben? Man kann davon ausgehen, daß William sich durchsetzte, nachdem er erst einen Entschluß gefaßt hatte.

Er ließ sich als erster blicken, als er mit seinem Vater und seinem Bruder durch die Tore von Balmoral schritt, um jenen, die gekommen waren, das Andenken seiner Mutter zu ehren, seinen Dank auszusprechen. Wills, eins achtzig groß, blond, breitschultrig und tadellos gekleidet, inspizierte die Tausenden von Sträußen vor dem Tor. Während der jüngere Harry die Hand seines Vaters hielt und sich bückte, um die Karten zu lesen, die an den Sträußen befestigt waren, schüttelte Wills beherrscht und sichtlich gerührt vielen der Trauernden die Hand.

Wills, dessen scheues Lächeln so sehr an das seiner Mutter erinnert, sprach tröstende Worte zu den Menschen, die eines Tages seine Untertanen sein werden. »Danke«, sagte er wieder und wieder. »Das hätte Mom gefallen.«

Die Königin von England richtet traditionell einmal, jährlich an Weihnachten das Wort an die Nation.

Aber in diesem Jahr reagierte Königin Elizabeth auf die Entrüstung ihres Volkes – die ihr durch Schlagzeilen kundgetan wurde, die da beispielsweise lauteten ›Ihr Volk leidet. Sprecht zu uns, Hoheit‹ und ›Wo ist unsere Königin? Wo ist ihre Flagge?‹ –, trat auf das Podium der Welt und sprach tatsächlich zu den Menschen: es war erst das zweitemal in den 44 Jahren ihrer Herrschaft, daß sie dies außer der Reihe tat (das erstenmal anläßlich des Golfkrieges).

»Als Ihre Königin und als Großmutter«, brachte Elizabeth II. die Trauer der Familie zum Ausdruck. »Niemand, der Diana gekannt hat, wird sie je vergessen; Millionen, die ihr nie persönlich begegnet sind, die jedoch das Gefühl hatten, sie zu kennen, werden sich an sie erinnern.« Die Queen lobte ihre Ex-Schwiegertochter als ›außergewöhnlichen und ganz besonderen Menschen.‹

Auch wenn die Ansprache der Queen Geschichte machte, sie war nur das erste von vielen außergewöhnlichen Ereignisse um Dianas Tod. Normalerweise wird ein Kondolenzbuch ausgelegt, in das Bürger sich eintragen können.

Normalerweise wird zu diesem Zweck ein Zimmer des St. Jame's Palastes der Öffentlichkeit zugänglich gemacht. Da die Trauernden jedoch bis zu elf Stunden (!) Schlange standen, wurden rasch zusätzliche Bücher herbeigeschafft und weitere Räume geöffnet, um die Wartezeiten zu verkürzen.

Die ursprüngliche Route, auf der Dianas Sarg vom St. Jame's Palast zur Westminster Abbey gebracht werden sollte, wo der Trauergottesdienst abgehalten werden würde, war nur eine Meile lang. Tatsächlich handelte es sich um eine historische Route, aber sie war viel zu kurz für die erwarteten Hunderttausenden von Trauernden, die herbeiströmen würden, um der Prinzessin die letzte Ehre zu erweisen. Den Umständen entsprechend wurde die Strecke um ein dreifaches verlängert und sollte jetzt von Dianas Residenz, dem Kensington Palast aus zur Westminster Abbey führen.

Normalerweise wären die Kinder von der Öffentlichkeit ferngehalten und nur im letzten Moment in die Kirche ›geschmuggelt‹ worden. Aber da William darauf bestand, hinter dem Sarg seiner Mutter herzugehen, wurde ein neuer Plan entworfen, um ihm dies zu ermöglichen.

Normalerweise hätte der junge Prinz auch kein Mitspracherecht bei der Gestaltung der Beerdigung gehabt, aber William ist eben nicht irgendein junger Prinz.

Er ist der Sohn seiner Mutter.

Und er besitzt Autorität.

## Goodbye, England's Rose

Prinzessin Dianas Begräbnis fand am 6. September, eine Woche nach ihrem Tod, statt. Von Anfang an wurde darüber diskutiert, welche Art von Begräbnis ihr zuteil werden würde. Sie war weder Monarchin noch offizielle Staatsperson: Sie war nicht mehr mit dem Prinzen von Wales verheiratet. Sie fiel in keine ›Kategorie‹. Und so wurde ihr, nicht zuletzt auf Williams Betreiben hin, ein einzigartiges Begräbnis zuteil, wie es zu ihrem einzigartigen Status paßte. Obgleich es so pompös und feierlich war wie ein königliches Begräbnis, sollte es später als ›Großes Begräbnis‹ bezeichnet werden. Eine Zeitung schrieb über die Zeremonie: »Sie war gigantisch und menschlich, symbolisch für Dianas Einfluß auf das Haus Windsor und die ganze Welt.« Die Prozession begann früh am Samstag morgen. Der Leichenwagen mit Dianas Sarg wurde vom Ersten Bataillon der Welsh Guards in ihren traditionellen roten Uniformröcken begleitet, zu Fuß und zu Pferde. Und hinter dem Trauerzug folgte ein ernstes Quintett: Prinz Philip, Prinz Charles,

Dianas Bruder Charles, der neunte Earl of Spencer, und ihre beiden Söhne William und Harry. Während der Prozession hielten sie die Köpfe gesenkt. Keiner der beiden Prinzen weinte, aber ihre Gesichter spiegelten den Schmerz in ihren Seelen wider. Diesen engsten Angehörigen folgten fünf Vertreter der jeweiligen hundertzehn Wohltätigkeitsorganisationen, für die Diana sich eingesetzt hatte. Manche liefen auf Krücken, andere waren an den Rollstuhl gefesselt. Tränen flossen reichlich bei den Millionen von Menschen, die sich versammelt hatten, um ihr die Ehre zu erweisen: nicht nur bei den Millionen, die die drei Meilen lange Route säumten – die Menschen standen in Zwanzigerreihen, und dreißigtausend Personen hatten die vorangegangene Nacht im Freien verbracht, um einen Platz ganz vorn zu ergattern – sondern auch bei jenen, die weiter fort waren und vereint in ihrem stillen Schmerz via Satellit das Begräbnis verfolgten, das in alle Welt ausgestrahlt wurde.

Nur die stoischsten unter jenen, die die Beerdigung verfolgten, konnten die Tränen zurückhalten, als die Kameras auf die drei Kränze aus weißen Rosen, Lilien und Tulpen oben auf dem Sarg schwenkten.

Auf der Karte oben auf den Rosen stand nur ein einziges Wort in kindlicher Handschrift: ›Mummy‹.

Der Trauergottesdienst wurde in der Westminster Abbey abgehalten, einem der ehrwürdigsten Orte in ganze England, Kirche, Friedhof und Krönungsstätte seit der Zeit Wilhelm des Eroberers – hier wird auch William V. eines Tages gekrönt werden.

Der Gottesdienst wurde vom Erzbischof von Canterbury abgehalten.

Zweitausend geladene Gäste, die jeden Aspekt von Dianas Leben repräsentierten, nahmen daran teil.

Auf der einen Seite saßen Angehörige und Mitglieder der Königsfamilie,

Englands Premierminister Tony Blair sowie

Würdenträger und Berühmtheiten aus aller Welt; auf der anderen Seite einfache Menschen, die Diana mit ihrer Wohltätigkeitsarbeit berührt hatte.

Es gab traditionelle Gebete und Kirchenlieder, darunter ›I Vow Thee To My Country‹, das William ausgewählt hatte, weil es Dianas Lieblingskirchenlied gewesen war. Es gab bewegende Gedichte, die von Dianas Schwestern aufgesagt wurden.

Es gab eine provokative Rede, die von Dianas Bruder, dem Earl of Spencer, verfaßt und vorgetragen wurde.

Dianas jüngerer Bruder offenbarte nicht nur seine tiefe Trauer, sondern ließ auch seinem Zorn auf die Presse freien Lauf, die seine Schwester fast ihr ganzes Erwachsenenleben lang verfolgt hatte. Am leidenschaftlichsten war er jedoch, als er einen Schwur Dianas Söhne betreffend leistete. »Ich schwöre, daß wir, deine Blutsverwandten, alles in unserer Macht Stehende tun werden, um die phantasievolle und liebevolle Art fortzusetzen, mit der du diese beiden außergewöhnlichen jungen Männer geleitet hast, damit ihre Seelen nicht allein von Pflichtbewußtsein und Tradition erfüllt sind, sondern so offen bleiben, wie du es immer wolltest.«

Dann folgte der zweite jener beiden Beiträge, die sich am meisten in die Erinnerung einbrennen sollten: Elton Johns Vortrag des überarbeiteten Klassikers ›Candle In The Wind‹.

Der Song, der ursprünglich einer legendären Schauspielerin zugedacht war, die viel zu jung starb, wurde umgeschrieben und umbenannt in ›Goodbye England´s Rose.‹ Elton Johns Anblick, als er für seine Freundin Prinzessin Diana diesen Song sang, wurde von einem Journalisten als ›Die universelle Erinnerung an diesen emotionalen Augenblick‹ bezeichnet.

Tatsächlich brach Harry während dieses herzzerreißenden Vortrags in Tränen aus. Es hat einige Verwirrung darüber gegeben, wessen Idee Elton Johns Auftritt war. *Newsweek* zufolge war es Williams Einfall.

Nach dem Trauergottesdienst wurde Dianas Sarg zum alten Familienanwesen Althorp gebracht, siebzig Meilen nordwestlich von London in Northampshire. Dort wurde sie auf einer kleinen baumbewachsenen Insel inmitten eines kleinen Sees zur letzten Ruhe gebettet.

## Nach Diana: Williams Leben heute

Es ist nicht leicht, den Tod eines geliebten Menschen zu akzeptieren, und noch schwerer ist es, wenn dieser Mensch so jung, dynamisch, liebenswert und zärtlich war wie Prinzessin

Diana. Trotz all der Liebe, die sie den ärmsten Menschen dieser Welt entgegengebracht hat, – den Kränksten, Hungrigsten und Hoffnungslosesten – gehörte ihre tiefste Liebe ›ihren Jungs‹, William und Harry. Diana sagte einmal, sie wären ihre besten Freunde, ihre ›emotionalen Rettungsleinen‹: die wichtigsten Menschen auf der Welt.

Auf den Seiten dieses Buches wurden Dianas zahlreiche Geschenke an ihre Söhne festgehalten. Es waren nicht nur Vergnügungsparks, Fastfood-Restaurants und Tennisschuhe: das alles waren nur Beispiele ihrer unermüdlichen Bemühungen, ihnen trotz ihres königlichen Schicksals ein möglichst normales Leben zu ermöglichen. Und in ihren Augen war es auch ein Geschenk an sie, dafür zu sorgen, daß sie beide mit Menschen in Kontakt kamen, über die William eines Tages herrschen würde.

Ihr vielleicht größtes Geschenk an ihre Söhne war, daß sie in Harry und William das gleiche Mitgefühl geweckt hat, das sie selbst anderen Menschen entgegenbrachte.

Und jetzt ist sie fort.

Welche Auswirkungen wird dies auf ihre Söhne haben? Ganz zweifellos muß der Verlust für beide niederschmetternd gewesen sein.

Beide Jungen haben Diana ungewöhnlich nahe gestanden und bei ihr Liebe, Führung und auch Spaß und Sorglosigkeit gesucht.

»Sie haben ihre Mutter angebetet, und sie hat ihre grenzenlose Liebe erwidert«, sagte Dianas persönliche Freundin Rosa Monckton. »Ich kann den Gedanken an sie kaum ertragen.«

Die Lücke in ihren Herzen wird sich vielleicht niemals schließen, so wie kein Kind je den Tod eines geliebten Elternteils verwindet. Am schlimmsten wird es an den Wendepunkten in ihrem Leben sein. Diana wird bei ihrer Abschlußzeremonie fehlen, bei ihrer Hochzeit, der Geburt ihrer Kinder; was William betrifft, bei seiner Krönung und seiner Thronbesteigung.

Aber Dianas Tod hat noch andere Konsequenzen für die Jungen. Wie viele Experten sehr richtig angemerkt haben, werden sie nun ›verstärkt an den Lebensstil der Windsors angepaßt werden.‹ Mit anderen Worten, die Balance zwischen Dianas »normalerem« Leben und Charles ›traditionslastigerem‹ ist für immer gestört.

Zum einen werden sie den Kensington Palast nie mehr als Zuhause bezeichnen, sondern bei ihren Londonaufenthalten mit ihrem Vater eine neue Unterkunft bewohnen. Die Wochenenden werden sie auf Highgrove verbringen, und obgleich Prinz Charles wiederholt seine Bereitwilligkeit kundgetan hat, mit William und Harry reinen ›Fun-Urlaub‹ zu machen, werden sie wohl die meiste Zeit, die sie nicht auf der Schule verbringen, auf Balmoral sein. Die Erziehung des künftigen Königs wird fortgesetzt werden.

William und Harry werden weiter die Schulen besuchen, die Diana und Charles für sie ausgewählt haben. Harry absolviert ein zusätzliches Jahr in Ludgrove, aber es wird erwartet, daß er hinterher zu William nach Eton kommt.

Dort wird der ältere Bruder den jüngeren zweifellos im Auge behalten und unter seine Fittiche nehmen.

William war auch für seinen Bruder da, als Harry nur neun Tage nach Dianas Begräbnis seinen Geburtstag das erstemal ohne Diana feiern mußte – er wurde am 15. September dreizehn Jahre alt.

Es besteht kein Zweifel daran, daß das Licht der Öffentlichkeit noch greller werden wird: Die Presse hat keine Diana mehr, aber sie hat jemanden, der ihr sehr ähnlich sieht. Ein Reporter brachte es auf den Punkt: »William kann dem Schicksal, seine Mutter als nationale Ikone zu ersetzen, ebensowenig entrinnen wie dem Röntgenblick der Medien.«

Werden William und Harry, jetzt da Diana tot ist, die vielen Geschenke vergessen, die sie ihnen gemacht hat?

Glücklicherweise scheint diese Gefahr nicht zu bestehen. Wenn sie William bei ihren Besuchen von Obdachlosenheimen mitgenommen hat, hat ihr Sohn mehr als nur zugesehen: es fiel ihm nicht schwer, Kontakt zu den Menschen herzustellen, und er spielte sogar mit einigen von ihnen Schach.

An seinem eigenen schwärzesten Tag kurz nach Dianas Tod schwor William, daß jedes einzelne Kondolenzschreiben beantwortet werden würde

Er zeigte hiermit, daß ihm sehr wohl bewußt war, daß es in dieser Situation vielleicht wichtiger war, den Schmerz der Menschen zu würdigen als blind an Traditionen um ihrer selbst willen festzuhalten.

William weiß sehr gut, daß seine Mutter wollte, daß er die Aufgabe erfüllt, zu der er geboren wurde; niemals, zu keiner Zeit, hat sie ihn dazu ermutigt, sich von seinem Schicksal abzuwenden.

Wie Familienfreund, Autor und Royal-Experte Lord Jeffrey Archer sagte: »William wird sich stets [der Tatsache, daß seine Mutter wollte, daß er König wird] bewußt sein und seine Sache im Gedenken an sie sogar noch besser machen.«

## Das Vermächtnis der Prinzessin des Volkes

Es wurde viel darüber spekuliert, wie genau Prinzessin Dianas Hinterlassenschaft aussehen wird. Die Meinung von ›Experten‹ zu diesem Thema wurde bis zum Überdruß in Talkshows verbreitet, im Internet, in Zeitschriften, Zeitungen und einer Reihe von Büchern. Das alles kommt zu den Millionen von Worten hinzu, die bereits über sie geschrieben wurden, zu den Millionen von Fotos, die bereits von ihr gemacht wurden.

Das Leben unter ständiger Beobachtung hat Dianas Leben in vieler Hinsicht unerträglich schwierig gemacht. Aber auf der anderen Seite hat es sie auch menschlicher gemacht, und dafür wurde sie mit weltweiter Zuneigung belohnt.

»Sie hat Menschen schon allein durch ihre Anwesenheit glücklich gemacht«, meinte ein Journalist.

Aber die Fotos, die Dianas Wohltätigkeitsarbeit dokumentieren, sind ihr eigentliches Vermächtnis.

Ihr Einsatz war sehr vielfältig, kam aus tiefstem Herzen und hatte weltweit großen Einfluß.

Die Welt merkte auf, als sie sich hinkniete, um ein Aids-infiziertes kleines Kind zu umarmen und zu küssen. Als sie sagte »Umarmungen können so unglaublich viel bewirken, vor allem bei Kindern«, verstand jeder, was sie meinte.

Als sie 1987 einen anderen Aids-Kranken besuchte und ihm die bloße, ungeschützte Hand reichte, machte sie Geschichte, da damals noch viele glaubten, Aids könne schon bei flüchtigen Berührungen übertragen werden. Ganz allein und vor laufenden Kameras verlieh sie einer unmenschlichen Krankheit mit einem bis dato noch unaussprechlichen Namen nicht nur ein menschliches Gesicht, sondern trug auch entscheidend dazu bei, einen gefährlichen Mythos zu entkräften.

Sie reichte Obdachlosen und Hungernden die Hand, setzte sich für bessere Aufklärung in Sachen Brustkrebs ein, für das Rote Kreuz und für die Opfer von Landminen. Letztendlich hatte Diana sich entschieden, ihre Berühmtheit und den Umstand, daß die Menschen von ihr fasziniert waren, zum Nutzen der Menschheit einzusetzen.

Es hat funktioniert.

»Niemand konnte so mühelos auf etwas aufmerksam machen wie sie«, bestätigte ein Mitarbeiter der Organisation Land Mine Survivors.

Und Aufmerksamkeit bedeutet Geld, dringend benötigte finanzielle Mittel. Und Ermutigung. »Sie sagte mir, ich dürfe niemals aufgeben, weil sie es auch nicht tun würde«, erzählte ein fünfzehnjähriges bosnisches Mädchen, dem eine Landmine beide Beine weggerissen hatte.

»Nichts macht mich glücklicher, als zu versuchen, den Verwundbarsten innerhalb unserer Gesellschaft zu helfen«, lautet ein Zitat aus Dianas letztem öffentlichen Interview.

Daß ihre Söhne von ihr gelernt haben, läßt sich nicht leugnen. Diana wies stolz darauf hin, daß es Williams Idee war, ihre riesige Kleidersammlung Mitte 1997 versteigern und den Erlös wohltätigen Zwecken zukommen zu lassen.

Allein durch die Versteigerung kamen über 5,7 Millionen Dollar zusammen.

Williams Sinn für Humor, sein Mitgefühl, sein scheues Lächeln – all das hat er von seiner Mutter geerbt.

Letztendlich sind Prinz William und sein Bruder Harry Prinzessin Dianas wahres Vermächtnis.

Wie haben wir sie geliebt?
Auf unzählige Art und Weise …

- Prinz Charles, William und Harry haben eine halbe Million Kondolenzschreiben erhalten. Nachdem sie ihren ›aufrichtigen Dank‹ für die lieben Wünsche ausgesprochen haben, aus denen sie viel Kraft geschöpft haben, haben sie die Menschen respektvoll gebeten, der Briefeflut ein Ende zu machen. Sie haben fünfzig Personen eingestellt, um die Post zu beantworten, aber auch die sind dem Zustrom nicht länger gewachsen.

• Elton Johns Aufnahme von »Goodbye England´s Rose« wurde mit sechsundzwanzig Millionen verkauften Exemplaren zum meistverkauften Titel aller Zeiten nach Bing Crosbys ›White Christmas‹, das sich dreißig Millionen Mal verkaufte. Sämtliche Gewinne aus dem Verkauf des Songs gingen an den Diana, Prinzessin von Wales Fond und werden wohltätigen Zwecken zugutekommen, für die sie selbst sich zu Lebzeiten eingesetzt hat: Aids, dem Verbot von Landminen, Obdachlosen, dem Roten Kreuz.

• Im Internet gab es ebenfalls reichlich Trauerbekundungen. Allein der offizielle Anschluß des Buckingham Palastes registrierte in nur zwei Wochen fünfhunderteinundvierzigtausend Zugriffe, d.h. Kondolenzschreiben. *Yahoo!* registrierte insgesamt zwei Millionen Zugriffe täglich (!) auf die Diana betreffenden Infos.

• Sechzig Millionen Blumensträuße wurden vor den königlichen Residenzen abgelegt. Viele wurden in frisches Papier gewickelt und an Krankenhäuser weitergeleitet.

• Im Gedenken an sie wird ganz offiziell ein Album aufgenommen werden, außerdem ist ein Denkmal in London geplant.

• Dreißig Tage nach ihrem Tod waren bereits zweihundert Millionen Dollar an Spenden beim Prinzessin Diana Fond für wohltätige Zwecke eingegangen.

## Über die Autorin

Randi Reisfeld ist Bestsellerautorin mehrerer Titel der *Clueless*-Serie: *An American Betty in Paris*; *Cher's Furiously Fit Workout*; *Cher Goes Enviro-Mental* und *Too Hottie to Handle*. Sie hat über ein Dutzend Biographien von Prominenten geschrieben, darunter *The Kerrigan Courage: Nancys Story* und *This Is the Sound: Todya's Top Alternative Bands*. Zu ihren neuesten Veröffentlichungen zählt *Who's Your Fave Rave? 40 Years of 16 Magazine*. Sie lebt in der Gegend von New York, zusammen mit ihrer Familie und dem Haushund Peabo.